アメリカ

2001

2020

COLLAPSE OF THE DEMOCRATIC PARTY 2001-2020

一般的な傾向として、第一期目の大統領は選挙時の公約と実績のあいだの乖離《かいり》が目立ち、人気が落ちるが、トランプ大統領にはそうした心配はない。彼は選挙公約を一つも破っていない。実行できていない公約は二〇一八年の中間選挙で下院を制した野党民主党の妨害によるもので、大統領に責任はない。有権者はそれをよくわかっている（公約については後述）。中間選挙で民主党が下院を制したため、日本では民主党の力は相変わらず強いと思われているがまったく違う。それについても本書で明らかにする。

アメリカでは選挙の三要素としてEMMが不可欠だとされる。Eは選挙民の熱狂（Enthusiasm）、一つ目のMは資金（Money）、次のMは選挙民への的確なメッセージ（Message）である。上述のように、選挙民の熱狂は先の選挙戦（二〇一六年）以上に熱くなっている。資金についても、前回はトランプに意地悪をして党の資金を出し渋った共和党主流派も、トランプ支持に固まった。メッセージについても、アメリカ経済の復活、強気外交の成果をアピールする「素晴らしき国であり続けよう（Keep America Great!）」と決まった。インパクトのあるコピーである。

トランプ大統領の再選は間違いない。共和党の重鎮ニュート・ギングリッチ元下院議長はフォックステレビのインタビュー（六月十八日）で、「一九七二年の大統領選の如き結果もある」と発言している。同年選挙では共和党候補リチャード・ニクソンが民主党候補ジョージ・マクガヴァンに圧勝した。民主党が制したのはマサチューセッツとワシントンD.C.の二州のみで、獲得した選挙人はわずか一七。ニクソンの五二〇に遠く及ばなかった。共和党幹部はトランプ人気に自

2019年6月18日　オーランド（フロリダ州）での正式出馬表明と会場を埋め尽くした支援者（Associated Press）

信をもっている。

二〇二〇年の大統領選挙の筆者の関心は、誰が勝利するかではなく、民主党がどんな負け方をするのかにある。場合によってはアメリカ型二大政党制の崩壊もあると考えている。六月十八日のトランプ出馬表明から暫《しばら》くたった六月二十六日、ほぼ出そろった民主党候補一〇人による討論会があった（詳細は後述）。彼らは、誰がより過激な左翼思想の持ち主であるかを競い合った。その後の討論会もその傾向は変わっていない。

「リベラル政党」という形容詞はアメリカ民主党にはもはや相応《ふさわ》しくない。フェミニスト、グローバリスト、社会主義者、弱者利権政治家らに乗っ取られた極左政党となった。党幹部も過激な主張を繰り返す若手議員の発言を抑制できない。かつては民主・共和のどちらが政権与党となっても、野党になった側は、何らかの妥協を「提供」して政治を進めてきた。これまでの二大政党制のプラスの面が消えてしまった。対立を煽《あお》り、いっさいの妥協を拒否する民主党は、かつての日本社会党、あるいは最近の（日本の）民主党が辿った道を歩んでいるように思える。

筆者は、民主党の左傾化を十分に認識してはいたが、上述の討論会ではその認識をはるかに超えた「事件」が起きた。コーリー・ブッカー（上院議員、ニュージャージー州）、ベト・オルーク（前下院議員、テキサス州）、フリアン・カストロ（元連邦住宅都市開発庁長官）が突然にスペイン語で議論を始めたのである。ほかの七人の候補者は苦虫を噛みつぶしたような顔で押し黙った。彼らはスペイン語を操れなかった（と思われる）。会場はフロリダ州マイアミであったから、スペイン系移民票を意識したものだった。

スペイン語を理解できる人口は四〇〇〇万人である。アメリカ人口は三億三〇〇〇万人であるから、三人の候補者は二億九〇〇〇万人にとっては理解不能な言語を使って国民に語ったのである。アメリカは、かつてはＷＡＳＰ（ホワイト・アングロ・サクソン・プロテスタント）が支配する国であった。しかし、弱者であった層が、「政治的に正しい発言（ポリコレ）」を武器に攻勢をかけた。いまでは、職場や学校で、白人であることが不利な事例が頻発する。弱者に属することが出世に有利になる「弱者利権」が現れた。その典型例が、チェロキー族インディアンの末裔《まつえい》だと虚偽の出生履歴を駆使して出世したエリザベス・ウォーレン上院議員（民主党、マサチューセッツ州）である。彼女も大統領の座を狙う一人である（ウォーレンの出生詐欺事件については後述する)。

筆者は、評論家宮崎正弘氏との対談（『激動の日本近現代史 1852-1941』ビジネス社）で「弱者の狡《ずる》さ」について論じたことがある。弱者は、けっして他者に寛容ではない。強者の側に立った途端に、彼らが正しいと考える思想を他者に強要する。妥協を探るリアリストの視点を欠く原理主義者となる。アメリカ社会では、すでに弱者が権力者になると起こるおぞましい現象が起きている。

アメリカのWASP層を中心とする白人ミドルクラスは、オバマ政権時代に弱者となる恐怖を味わった。先の選挙で彼らがヒラリー・クリントンを拒否できたことは奇跡であった。CNNに代表される主要メディアは、番組の九〇％以上を反トランプの論調で覆《おお》った。リードしたのは、リベラル系のキャスターだった。

保守系白人の中間層（一般的な愛国者層、伝統に価値を見出す層）が、マイノリティを些《いささ》かでも刺激すれば、「白人至上主義者」「人種差別主義者」「外国人嫌い」「女性差別主義者」、さらには「豚（fat pigs）」「うすのろ（slob）」「馬鹿野郎（jackass）」などと罵倒される。二〇一六年の選挙は、彼らの「反逆」だった。こうした言葉はトランプ候補にも浴びせられた。それでも些かも怯《ひる》まないトランプ候補に、保守層はようやく勇気を取り戻した。

筆者は、先の選挙戦ではトランプ候補の演説を聴き、聴衆の反応を観察し、それを報じるメインストリームメディアの記事を確認した。ソーシャルネットワーク上の情報も追った。実際にいくつかの州をまわり、現場の情報を収集した。ヒラリーの動向からも目を離さなかった。その結果、トランプ大統領誕生の強い可能性を見て取り、月刊誌「Voice」（平成二十八年十一月号、PHP研究所）で「トランプ大統領のアメリカ」と題した論考を発表した。

当時、トランプ大統領誕生の可能性を口にすれば、笑われる空気があった。「Voice」編集長の永田貴之氏は拙稿を発表することに迷いもあったと思うが、掲載を決断してくれた。ここ数年でアメリカの政治風景は一変した。「トランプ大統領は再選されるだろう」と書いても誰も驚かない。

本書は、アメリカ民主党が激しく左傾化し、分解（自己溶解）の危機にあることを論述するものである。言い換えれば、二〇二〇年のアメリカ大統領選挙の観戦マニュアルであるが、その後に訪れるであろうアメリカの政治風土の変質を予言する書でもある。日本のリベラルメディアのアメリカ政治に関する報道は信用できない。保守系論客の分析も首を傾《かし》げることが多い。アメリカの政治状況は、昔ながらの日本語に翻訳された二次加工情報だけで理解することはできない。日々激変する生の政治風景を見ながら、同時に、「コンドラチェフの波」（大きなうねり）も押さえることが必要になっている。

アメリカ
民主党の
崩壊
2001-2020

目次

はじめに

第1章 民主党に支配された四半世紀

ネオコンを理解する

第2章 カダフィ排除から露呈したネオコンの悪行

第3章 ヒラリー・クリントン機密漏洩問題の発覚

露呈した私的サーバー利用

第4章 二〇一六年大統領選挙

アウトサイダー、ドナルド・トランプの登場

第5章 ヒラリーを擁護する主要メディア・司法省・FBI

第6章 溶ける民主党

装丁——秦 浩司

第1章

民主党に支配された四半世紀

ネオコンを理解する

ネオコンとは何者なのか

ネオコンとは、ネオコンサーバティブ（新保守主義）の略である。

一九九二年、ビル・クリントン政権が誕生した。それ以来、今日までアメリカの政治は民主党が支配してきた。もちろん、二〇〇一年から二〇〇九年までは、ジョージ・ブッシュ政権（共和党）の八年があった。しかし、ブッシュ政権の看板は共和党であったが、実態は民主党政治だった。そのことは彼の進めた外交でわかる。民主党はリベラル的イメージ、つまり他者に優しいイメージをもつがそうではない。他国に過度に干渉し、その結果、幾多の戦争を惹起《じやつき》した。第一次世界大戦に参戦を決めたウッドロウ・ウィルソン大統領、ドイツ・日本を徹底的に締め上げて第二次世界大戦参戦を実現したフランクリン・デラノ・ルーズベルト大統領、ベトナム戦争を本格化させたのはジョン・F・ケネディ大統領、北爆を決めたリンドン・ジョンソン大統領。いずれも民主党の大統領である。民主党の大統領は戦争が好きなのである。

ジョージ・ブッシュ政権は共和党であった。しかし、この政権の中枢には、民主党からやってきた干渉主義者が、政権中枢に陣取り、ブッシュ外交を民主党化した。共和党内にカメレオンが擬態《ぎたい》したかのように侵入した政府高官がネオコンであった。彼らはビル・クリントン民主党政権の中枢にいた。しかし、民主党内に「ヒッピー的空気」が蔓延《まんえん》したことを嫌い、共和党に移った。彼らは共和党の伝統を破壊した。外国への干渉に抑制的であることが共和党の外交だった。それが民主党外交と見まごうばかりに干渉的になった。9・11事件（世界同時多発テロ事件）に続いたアフガン侵攻、大量破壊兵器を保有したとの理由によるイラク侵攻。どちらもジョージ・ブッシュ政権が進めた戦争だったが、同政権内で発言力をもったネオコン官僚に操られたブッシュ大統領が起こした戦争であった。

ネオコンの始祖はヘンリー・ジャクソン上院議員（一九一二年生〜八三年没）あるいはジーン・カークパトリック元国連大使といわれている。どちらも民主党であった。彼らの主張は以下のとおりである。

一　徹底的に反ソ
二　小国の政権を強引に親米に変更（傀儡《かいらい》政権化）させても構わない（レジームチェンジを是とする）
三　先制攻撃は許される
四　経済リベラリズム（自由貿易）

五　リベラル的社会政策
六　親イスラエル

ジャクソンやカークパトリックに続いた代表的人物が以下の面々である。

ポール・ウォルフォウィッツ（ジョージ・ブッシュ政権：国防副長官、一九四三年生）
リチャード・パール（同：国防政策諮問委員会委員長、ユダヤ系、一九四一年生）
ルイス・リビー（同：副大統領首席補佐官、一九五〇年生）
ダグラス・フェイス（同：国防次官、一九五三年生）

ウォルフォウィッツは一九八一年に民主党から共和党に鞍替えした。パールはヘンリー・ジャクソン議員に仕えていまでも民主党員であるが、レーガン政権（共和党）では国防次官に滑り込んだ。年齢の若いリビーやフェイスは、民主党員の経歴なくして、共和党に入りそのまま出世した。共和党内の「本籍民主党ネオコン（第一世代）」という大亀の背に乗った「第二世代」である。

ドナルド・ラムズフェルド（同：国防長官、一九三二年生）、ディック・チェイニー（同：副大統領、一九四一年生）はネオコンの巨頭となったが、彼らは共和党に籍を置いていたが逼塞《ひっそく》していた人物である。それが、民主党を本籍とするネオコンが共和党内に流入すると水を得た魚となった。

第一世代ネオコンはリチャード・パールの経歴でわかるように、レーガン共和党政権で花が咲いた。同政権に反ソ外交を繰り広げさせ、ソビエト連邦の崩壊（一九九一年）を成功させた。この年の初めにはイラクとの湾岸戦争（第一次）となり、四月にはサダム・フセインを屈服させた（四月停戦：安保理決議六八七号）。

ソビエトは「悪の帝国」（レーガン大統領）だったが、遂に崩壊した。衛星国のような存在であったイラクも牙を抜かれた。世界はより平和になるはずであった。

しかし、そうはならなかった。その原因は、ネオコンが作り上げたポスト冷戦時代の新外交政策にあった。ソビエトが崩壊した翌九二年二月、ディック・チェイニー国防長官（父ブッシュ政権）の下に、「防衛計画指針（Defense Planning Guidance）」と題されたレポートが届けられた。作成者は、ポール・ウォルフォウィッツとルイス・リビーだった。

ジーン・カークパトリック（1926年生～2006年没）

二人は、アメリカが世界で唯一のスーパーパワーとなった現実を踏まえて、アメリカ国益の最大化の方策を提示した。具体的には三つの目標が掲げられた。

第一の目標は、二度とアメリカのライバルとなる国を生まない、というものだった。地域覇権国の出現も許さない。地域覇権国は潜在的に世界覇権国となり得る。そうした国は早い段階で叩く。第二は、世界各地に散るアメリカ利権の保全とアメリカ的価値観の普及（強制）であった。国際法を遵守《じゅんしゅ》させ、民主主義体制への転換を促す。第三は、上記目標の実現のためには国際法の縛りや国連にとらわれない単独行動である。第二点とは矛盾するが、「正しいことをするのに手段の是非は問わない」というアメリカの伝統であった。

PBS（米国公共放送）は、「防衛計画指針」を次のようにまとめている。

「『世界新秩序はアメリカ（の価値観と軍事力）によって維持されるべきである。国際的に足並みを揃えた対応ができない場合は単独行動も辞さない。危機に対しては、躊躇《ちゅうちょ》なく反応（軍事力行使）すべきである』。これが防衛計画指針の要旨である」[*1]

この指針はポール・ウォルフォウィッツの名をとって「ウォルフォウィッツ・ドクトリン」と呼ばれた。

ネオコンが民主党から発生したのは自然であった。アメリカは一八二三年に発せられたモンロー宣言が象徴するように、外国の紛争には基本的に非干渉の立場をとる外交方針をとってきた。先に書いたように、この伝統を破壊したのがウッドロウ・ウィルソン大統領（民主党）であり、彼は第一次世界大戦に参戦した。

大戦後のヨーロッパに安定は訪れず、再び同地には戦雲が湧いた。建国の父の教えが正しかったことが身に染みていた国民を再び欺《あざむ》いてアメリカを参戦させたのも、民主党のフランクリン・デラノ・ルーズベルトだった。

ネオコン思想家は、二人の民主党大統領（ウィルソン、ルーズベルト）を絶対善とする。彼らの外交の結果が、世界の不安定化と共産革命思想の世界的な拡散であり、東西冷戦の始まりだった。しかし、ネオコンはそうした経緯を考えようともしない。ひたすら目の前にいるソビエトを敵視した。ソビエトと対峙するためには徹底的な干渉主義的外交が必要だとする彼らの主張は危険視されていたが、二人の大統領に勝るとも劣らないほどに干渉主義的なビル・クリントンが登場すると、一躍外交の表舞台に躍り出るのである。

アメリカ外交が、民主党か共和党かの違いで識別できなくなってしまったのは、ネオコン思想家が、実務官僚として外交の前線に立ち、ネオコン系シンクタンクが時の政権に強い影響を与えているからだ。アメリカの外交を理解するには、ネオコンの動きの把握が欠かせなくなった。

＊１：同報告書の要旨は以下のサイトで確認できる。
https://www.pbs.org/wgbh/pages/frontline/shows/iraq/etc/wolf.html

ネオコンによるポスト冷戦外交　その一

イラク解放法の成立

「防衛計画指針」がチェイニー長官に提出されるひと月前、統合参謀本部はコリン・パウエル議長（陸軍大将）名で、「国家軍事戦略大綱[*1]」を発表していた。「アメリカの世界におけるリーダーシップ」の項には次のように書かれている。

「わが国は領土も覇権も求めない国である。その意味で、わが国は世界の中で信頼されえるユニークな立ち位置にある。オールドフレンド（注：昔からの同盟国）は、わが国を、安定化ファクターと考える。ニューフレンド（注：旧ソビエト衛星国あるいは影響下にあった国）は、わが国を模範としており、安全保障上の頼りにしたいと考えている。わが国は民主主義国家のモデルとして機能していく。改革はいま全世界に広がりつつある」

「（中略）わが国は世界に影響力を発揮できる（軍事）力を維持しなくてはならない。潜在的侵略国家を牽制《けんせい》しなくてはならない。（ソビエトの崩壊で）世界の安全保障は強化された。新しい環境下で、自由な交易を確保し、各国の民主的改革を支援する。それが世界の経済を発展させる」[*2]

「アメリカはいかなる国とも違う。神から野蛮国を啓蒙する義務を与えられた特別な国である」とする思想（アメリカ例外主義）の典型である。筆者には、高校生が書いたような未熟な作文にしか思えないが、これがポスト冷戦のアメリカ外交の基本となった。宗派間で血の抗争を続けてきたイスラム国家や、ネポティズム（縁故主義）や金権主義に侵された国々で、民主主義は本当に機能するのか、そうであったとしてもそこに至るまでには時間がかかるのではないか。リアリズムに立った考察は捨象《しゃしょう》されていた。

「国家軍事戦略大綱」の内容が「ウォルフォウィッツ・ドクトリン」に沿ったものであることは明白である。「指針」および「大綱」が発表された一九九二年は、父ブッシュ政権の末期であった。そのこともあって、この考えが同政権で具体化される時間はなかった。

ネオコンが真の意味で政治の中枢に躍り出たのは、一九九三年から始まったビル・クリントン政権からであった。本来であれば、民主党に政権がシフトしたことにより、共和党政権で力を得ていたネオコン勢力は、力を失うはずだった。しかし、先に書いたようにネオコンの本籍地は民主党である。干渉主義的外交が伝統である民主党政権で、再び水を得た魚となった。彼らに「水を与えた」のがファーストレディとなったヒラリー・クリントンだった。

彼女は、夫ビルに働きかけて、マデレーン・オルブライト（一九三七年生）を国連大使に任命させた（任期：一九九三年一月〜一九九七年一月）。彼女は、一九五〇年にチェコスロバキアからアメリカにやってきたユダヤ系移民だった。親族がホロコーストの犠牲になったことや、共産主義の抑圧を経験してきただけに、徹底的に親イスラエルであり反ソだった。ＮＡＴＯの東方（旧共産圏）拡大にも積極的であった。

一九九三年六月、アメリカはイラクをクルーズミサイルで攻撃した。同年四月のブッシュ前大統領のクウェート訪問時にイラクが暗殺を仕掛けた（とされる）事件への報復だった。六月二十六日、クリントン大統領は、暗殺未遂事件がサダム・フセインによって計画されたものであり、その報復としてイラク攻撃（武力行使）を始めることを国民に語り、経済制裁を開始した。

対イラク制裁の是非についてオルブライトはＣＢＳの番組「60ミニッツ」で次のように語った。インタビュアーは、レスリー・スタール（女性ジャーナリスト）だった（放映：一九九六年五月十二日）。

スタール：（クルーズミサイル攻撃と経済制裁の結果）五〇万もの子どもたちが亡くなっていると聞いています。広島の原爆で亡くなった数よりも多いのです。これほどの犠牲を出すことに意味はあるのでしょうか？

オルブライト：難しい選択ですが致し方ありません。

オルブライトは感傷的なそぶりはいっさい見せていない。投げかけられた五〇万という数字も否定しなかった。実際、国連食糧農業機関（ＦＡＯ）も、九五年には五歳以下のイラクの幼児五六万七〇〇〇人が死んだと報告している。彼女は、子どもの犠牲があっても中東の「安定」のためには致し方ない、言い換えれば、より高い理想（ウォルフォウィッツ・ドクトリンの実現）のためには「少々の」犠牲は仕方がないと言い切ったのである。伝統的干渉主義に立つ政治家の真骨頂であった。

マデレーン・オルブライト（1937年生～）

ネオコンの主張の六番目に親イスラエルがあると書いた。ちょうどこのころイスラエルでは、ベンヤミン・ネタニヤフ（現首相）が、初めて首相の座を狙う選挙戦（一九九六年五月二十九日投票）を戦っていた。ネタニヤフは、当時のパレスチナ解放機構（ＰＬＯ）のヤーセル・アラファト議長との妥協の道を模索してきた現職シモン・ペレスと争って辛勝した（五〇・五％対四九・五％）。ネタニヤフは、「危険因子（ＰＬＯ）に対しては、先制攻撃も辞さず。そうすることでしか中東の新秩序は生まれない」（巻き返し政策）と主張し、大方の予想を覆《くつがえ》して勝利した。

ネタニヤフが首相に選出された翌九七年、ネオコングループは、新しいシンクタンク（アメリカ新世紀プロジェクト〈ＰＮＡＣ〉）を設立した。ＰＮＡＣは、ネタニヤフ首相の誕生を待っていたかのように、クリントン政権にイラクのレジームチェンジを求める公開質問状を提出した（一九九八年二月）。「サダム・フセイン排除のためには、軍事力行使を厭《いと》うことがあってはならない」とする内容であり、提案者はリチャード・パール、ドナルド・ラムズフェルド、ポール・ウォルフォウィッツらであった。

この年の秋、ビル・クリントンは再選に成功し、翌年始まった第二期政権の国務長官にオルブライトを登用した。アメリカ史上初めての女性長官だった。彼女の指名に共和党も反対せず、全会一致での承認となった。ネオコン思想は民主・共和両党の共通政策と化していたのである。

ＰＮＡＣがクリントン政権に先制攻撃も含めた対イラク強硬外交を訴えていたころ、オルブライト長官も同趣旨の演説を全米各地で繰り広げていた。

「サダム・フセインはとんでもないことをしでかしてくれた。それをいまだに続けている。こんな独裁者は見たことがない。彼はいま大量破壊兵器を開発している。ほかの独裁者以上に危険である」（一九九八年二月、オハイオでの演説[*3]）

会場の外では、オルブライトの好戦的姿勢を危ぶむ反戦グループが気勢を上げていたが、彼女は意に介さなかった。彼女には、議会に対イラク強硬外交を了解させる自信があった。予想どおり、この年の秋にはイラク解放法（Iraq Liberation Act）が成立した（十月三十一日、クリントン大統領署名）。

同法は、法律の名をした対イラク宣戦布告であった。ネオコンにとって、第一次湾岸戦争（一九九一年一月十七日〜二月二十八日）は不完全であった。サダム・フセインを権力から引きずりおろせなかった（レジームチェンジが叶わなかった）。彼らの憤懣《ふんまん》は、ポール・ウォルフォウィッツとウェズリー・クラーク将軍が交わした会話でよくわかる。第一次湾岸戦争での砂漠の嵐作戦（一九九一年一月半ば開始）が終わった直後の会話だった。ウォルフォウィッツが国防次官、クラークが連邦軍事教練担当の准将のときである。

「我が兵士たちが砂漠の嵐作戦を見事にやってのけたことに満足されたでしょう」（クラーク）
「そうでもない。サダム・フセインを排除すべきだった。それでもあの地域（中東）でもわれわれが軍事力を行使できることがわかったことはよかった。ソビエトがわれわれを邪魔できないことがわかったからだ。ただ、ソビエトのこれまでのお客様だった国の処理ができていない。シリア、イラン、イラクはレジームチェンジしなくてはならない。五年から十年はかかる。（後略）」（ウォルフォウィッツ）

退役したクラーク将軍（最終役職：欧州連合軍最高司令部司令官）が、上記の会話を明かしたのは、コモンウェルスクラブ・カリフォルニア州支部（サンフランシスコ）での講演（二〇〇七年十月）であった。[*4] 彼は、ペンタゴンで交わした幹部との会話も明らかにしたうえで、「国防総省は、五年で七つの国（イラク、シリア、リビア、レバノン、ソマリア、イラン、スーダン）のレジームチェンジを企図していた、イラク侵攻は二〇〇一年九月までに実施する考えだった」と証言した。将軍は、国防総省で実権を握ったネオコン文官の好戦性に強い嫌悪感を感じていた。

ウェズリー・クラーク（1944年生〜）

将軍は、「ホワイトハウスは、宮廷革命によって少数の戦争屋（ネオコン）に乗っ取られたことを確信した」と語り、首謀者はウォルフォウィッツ、ラムズフェルド、チェイニーだったと名を挙げた。彼は退役後、民主党員となり、二〇〇四年の民主党大統領候補補戦に出馬した。しかし、ネオコンの外交方針を是とするジョン・ケリーに大敗した。

クリントン大統領は、イラクのレジームチェンジの理由を三点挙げた。

一　一九八〇年から九八年にかけてイラクはさまざまな国際法を犯した
二　湾岸戦争（第一次）後の合意事項を遵守していない
三　イラクは国連決議を遵守しない

クリントンの中東外交が、ネオコンの方針に沿っていることは明らかだった。

＊1：NATIONAL MILITALY STRATEGY OF THE UNITED STATES, January 1992
https://history.defense.gov/Portals/70/Documents/nms/nms1992.pdf?ver=2014-06-25-123420-723
＊2：同右 , p2
＊3：“U.S. policy on Iraq draws fire in Ohio”. www.cnn.com. February 18, 1998.
＊4：同講演は以下のサイトで確認できる。
https://www.YouTube.com/watch?v=nUCwCgthp_E

ネオコンによるポスト冷戦外交　その二

サダム・フセイン排除のプロパガンダ

二〇〇〇年は大統領選挙の年であった。大統領選挙（十一月）を控えた九月、ＰＮＡＣは、「アメリカ防衛再興：新世紀のための戦略、戦力そして資源」[*1]と銘打たれた九〇頁ほどの政策提言書を発表した。その主張（core missions）は以下の四点であった。

一　アメリカ本土を防衛する
二　多方面で同時期に紛争があっても、どの地域においても決定的な勝利をおさめる
三　重要地域において警察官的な役割をつとめ、安全保障を確保できる体制を構築する
四　革命的に進歩する軍事技術を最大限利用できるよう、米軍を再編する[*2]

イラク（サダム・フセイン政権）については以下のように分析されている。

「我が国は中東地域において、過去数十年にわたって、この地域の安定化に努めてきたが、（先の湾岸戦争でレジームチェンジができなかったため）サダム・フセイン政権との間に未解決問題が山積みである。解決のためには、この地域での軍事力を早急に強化しなくてはならない[*3]」

ネオコン勢力が、第一次湾岸戦争で、サダム・フセイン政権を排除できなかったことを悔いていることは明らかだった。執筆者一覧には、ウォルフォウィッツやリビーの名が見えていた[*4]。十一月の大統領選挙は共和党のジョージ・W・ブッシュが勝利した。新政権でも多数のネオコンが登用された。民主党でも共和党でもネオコンは重用されていた。ディック・チェイニーが副大統領に、国務長官にはネオコンのアジェンダどおりに、第一次湾岸戦争を指揮したコリン・パウエルが就《つ》いた。ラムズフェルドは国防長官となった。軍事産業（ロッキード・マーチン、ノースロップ・グラマン）のロビイストだったダグラス・フェイスは国防次官に、ルイス・リビーは大統領首席補佐官に就いた。「アメリカ防衛再興」執筆陣の一人、ロバート・ケーガン（カーネギー国際平和財団）の妻ビクトリア・ヌーランドは、北大西洋条約機構常任委員次席代表に居座った。彼女は、NATO諸国をアメリカの政策（NATO東進）に沿わせる重要な役割を果たした。

アメリカ議会にも、ネオコンに助っ人が現れた。ヒラリー・クリントンである。彼女がファーストレディ時代に、女性ネオコンの「巨頭」マデレーン・オルブライトを国連大使に推したことは既《すで》に書いた。ヒラリーは、「ワシントン議会に初めて挑戦する元ファーストレディ」として、ニューヨーク州から上院議員選挙に出馬し勝利した。
ヒラリーをネオコンと定義してよいかという疑問をもつ読者もいようが、彼女の振る舞いを見れば、そう分類しても間違いない。ネオコン系シンクタンクCNAS（新アメリカ安全保障センター：民主党系）設立に一役買っている（二〇〇七年）。同センターの共同設立者の一人、ミッシェル・フルオノイ（第一期オバマ政権の国防次官）は、二〇一六年の大統領選でヒラリーが当選すれば国防長官に登用されることが確実視されていた。[*5]
ネオコンの閣僚と官僚を抱えた第一期ジョージ・ブッシュ政権が船出してまもない二〇〇一年九月十一日、前代未聞の事件が起きた。テロリストによってハイジャックされた（とされる）民間機二機が、ニューヨークワールドトレードセンターの南・北棟に激突した。ほかにも二機がハイジャックされていた。一機はペンタゴンに突っ込み、もう一機はペンシルベニア州で落下した。9・11事件（世界同時多発テロ事件）である。事件が起きた九月は、ネオコン幹部がクラーク将軍にはからずも漏らした、レジームチェンジ開始を目論《もくろ》む最終期限の時期だった。
テロ事件を計画したのはアフガニスタンに拠点を置くイスラム原理組織アルカイダとされ、アフガニスタンへの報復侵攻が始まった。指導者ビン・ラーディン捕縛作戦も始まった（同年十月七日）。「不朽の自由作戦」である。アフガニスタンは、ネオコンがレジームチェンジを狙う七つの国には含まれていないが、イラク侵攻への突破口としての意味があった。「アルカイダとイラクは同じ穴の狢《むじな》である」。ブッシュ政権はこう主張し、本丸イラクに迫った。

アメリカ国民にそう信じさせるプロパガンダが始まった。VOX（インターネットメディア：二〇一四年設立）がそれを時系列でまとめている。[*6]

コンドリーザ・ライス（国家安全保障問題担当大統領補佐官）は、9・11事件の一週間後（九月十八日）には、情報機関からの報告で、アルカイダとイラクの間には何の関係もないことを知っていた。大量破壊兵器や生物化学兵器をイラクが保有している、あるいは開発しているという情報はなかったのである。

そうでありながら、チェイニー副大統領は、「サダム・フセインは大量破壊兵器を保有している」（二〇〇二年八月）と言いきった。

「副大統領があのようなことを言うとは信じられなかった。私はCIAとともにイラクの大量破壊兵器に関する情報収集を進めていたが、（CIA本部のある）ラングレーでのブリーフィングの場で、イラクが大量破壊兵器を開発しているという情報はなかった」（アンソニー・ジニ将軍〈前アメリカ中央軍司令官、海兵隊大将〉）[*7]

九月に入ると、ライス補佐官が、「イラクが購入したアルミ製チューブは、核兵器開発専用のものである」と述べた。核兵器の専門家が、その可能性はゼロではないが、無関係と判断していた案件であった。[*8]

十月にはブッシュ大統領自身が、「サダム・フセインは大量の生物化学兵器を保有している」と断言した。CIA長官だったジョージ・テネット（任期：一九九七～二〇〇四年）が、「政権幹部にはそうした兵器の存在を示す証拠はないと説明していた」と証言（二〇〇四年）しているように、大統領を含む政府高官は国民に「嘘」をついた。イラク侵攻やむなしの空気（世論）を誘導したのである。[*9]

世論工作はアメリカの「伝統」である。ナチスドイツとの戦いを始めたかったフランクリン・デラノ・ルーズベルト大統領も、「ドイツ海軍が太平洋を越えて攻めてくる」と国民を脅した。狭いイギリス海峡さえ攻略できないドイツ海軍が大西洋を越えられるはずもないが、大統領の発言で国民は怯《おび》えた。

十二月に入るとブッシュ大統領は、「われわれは、イラクが核兵器を保有しているか確認できない」と発言を修正したが、これも厳密にいえば嘘であった。テネットCIA長官は、「サダム・フセインは核兵器を保有していない。保有できるとしても二〇〇七年から二〇〇九年ごろになろう」と報告していたのである。ブッシュ大統領は、イラクが核兵器を保有していないことを知っていた。

そうでありながら、チェイニー副大統領も、9・11事件の首謀者と見なされたテロリスト、モハメッド・アタが、チェコのプラハで、イラク諜報員と接触していたと繰り返し発言していた。アフガニスタンを利用してイラクに侵攻したかったのである。[*10]

＊1：Rebuilding America's defense: Strategy, Forces and Resources for a new century
全文は左記サイトで確認できる。
https://governamerica.com/documents/RebuildingAmericasDefenses.html

＊2：同右，piv

＊3：同右，p14

＊4：同右，最終頁

＊5：Stephen Lendman, Michele Flournoy: A Clinton Administration's Likely Secretary of War, Global Research, June 22, 2016

＊6、7、8、9、10：Dylan Matthews, No, really, George W. Bush lied about WMDs, Vox, July 9, 2016

ネオコンによるポスト冷戦外交　その三

イラク戦争とサダム・フセイン排除

一連の、ブッシュ政権（ネオコン勢力）の「虚偽」説明は功を奏した。世論は対イラク戦争やむなしにシフトした。二〇〇三年三月十九日、ブッシュ大統領は、テレビを通じて宣戦布告した。大統領には宣戦布告の権限はない。それは議会にあった。

しかし、成立していたイラク解放法（一九九八年）で、イラクに対する軍事力行使の権限は大統領に移譲されていた[*1]。

対イラク戦争は、国連の意思とは無関係だった。ネオコンはアメリカ独自の外交を展開すると主張していた。イギリスとオーストラリアは、迷うことなくアメリカに追随した（英国トニー・ブレア首相は後に厳しく糾弾されることになる〈後述〉）。

イラク「解放」作戦は、「イラクの自由作戦」と命名された。米英豪連合軍兵力一二万に対してイラク軍は三八万を擁《よう》していたが、イラクはたちまちにして制空権を失った。空母六隻から発進する最新鋭航空機にイラク軍は何の抵抗もできなかった。戦いが始まってから三週間後

倒されるサダム・フセイン像（2003年4月9日）

の四月二十日、アメリカ地上軍はバグダッドを制圧した。市民がフセイン銅像を引き倒す映像が世界に配信された。

この時点では行方がわからなかったサダム・フセインも、十二月十三日、故郷の町ティクリート郊外の地下アジトに潜んでいるところを発見された。身柄は、アメリカの推《お》したイラク新政権に引き渡され、特別軍事法廷で裁かれることになった（二〇〇五年五月）。二〇〇六年十一月五日、下った判決は絞首刑（人道に対する罪）であった。

イラク戦争は、ブッシュ大統領の「目的は達成された（Mission Accomplished）」とするスピーチ（五月一日）で終わった。

戦死者はアメリカ軍四四九一人、イギリス軍一七九人であった[*2]。イラク側の死者の数字はよくわかっていないが、兵士およそ一万人が死んだ。民間人は三月から四月の二カ月間だけで七四〇〇人あまりが犠牲になった。[*3]
ネオコンの構想では、サダム・フセインの排除で、同国は民主化され、中東は安定化するはずであった。しかし、「フセインの蓋《ふた》」が外れたことで、宗派・民族間の激しい闘争が始まった。そのすさまじさは民間人の犠牲者の数字にあらわれた。

イラク民間人犠牲者推移[*4]

2003年	12,133	2010年	4,167
2004年	11,737	2011年	4,162
2005年	16,583	2012年	4,622
2006年	29,525	2013年	9,852
2007年	26,112	2014年	20,218
2008年	10,285	2015年	17,578
2009年	5,381	2016年	16,393

合計　188,748人

イラク戦争に続く内戦で、社会構造も物理的インフラも破壊された。民主主義体制では多数派になったものが勝ちである。少数派の権利をも尊重し保護できる民度が熟するには、長い年月を要する。サダム・フセインを排除する愚かさを、インド系歴史家サスミット・クマールは次のように書いている。

「私は一九九五年の論考で、イラクは西側諸国の同盟国に成り得る国であると書いた。トルコと同様に、イスラム原理主義の諸国家との戦いを進められる国だからである。それが正しいことは、イランと戦って同国（の原理主義）を抑え込んだことでわかる（注：イラン・イラク戦争：一九八〇～八八年）。そうでありながらアメリカの諸政権はネオコン思想に侵され、ブッシュ・ジュニア政権になると、愚かにもイラクからサダム・フセインを排除した」
「たしかにフセインは、非情な独裁者だった。しかし一方で、キリスト教徒が安全に暮らせる国はイラクと、シリアの二カ国だけだった。両国の指導者は非情ではあったが、世俗的でもあった（イスラム教ドグマから一定の距離を置きキリスト教徒を迫害しなかった）。アメリカは、フセインを排除するのではなく、より危険な敵であるアルカイダとの戦いに彼を利用すべきだった（後略）」[*5]

クマールの分析は正しかった。サダム・フセインが消えると、スンニ・シーア両派の武力闘争が始まった。さらに、「侵略国家アメリカ」との戦いに続々とイスラム原理主義系の助っ人外国人戦士がやってきた。

フセインは逃走を続けながらも、支援者に対して聖戦を叫ぶ外国人兵士を警戒するよう指示していた（ニューヨークタイムズ紙、二〇〇四年一月十四日付）[*6]。彼のほうがネオコンよりも中東の現実を知っていた。

＊1：Public Law 107-243, titled "Authorization for the Use of Military Force in Iraq Resolution of 2002."
＊2：https://en.wikipedia.org/wiki/Casualties_of_the_Iraq_War#Coalition_military_casualties
＊3、4：Iraq Body Count

https://www.iraqbodycount.org/database/

＊5：Susmit Kumar, Removal of Saddam Husein-A Disaster for US Policy
http://www.susmitkumar.net/index.php/removal-of-saddam--a-disaster-for-us-policy

＊6：James Risen, Hussein warned Iraqis to beware outside fighters, document says, New York Times, January 14, 2004

ネオコンによるポスト冷戦外交　その四

目を覚ましたイギリス

戦争があれば戦争利得者が生まれる。二〇〇三年のイラク戦争でもそうだった。二十一世紀の戦争では、破壊した国の復興事業（インフラ再建整備事業）が「商売」となった。

イラク戦争が始まったばかりの二〇〇三年三月十九日、ネオコンの一人ウォルフォウィッツ国防副長官は、戦いは短期になるとしたうえで、「同国の再建はイラク自らの資金で可能である。アメリカはそれに協力していくだけである」と議会に説明した。しかし、現実は違った。アメリカはイラク再建に巨費を投じざるを得なくなった。

二〇一三年三月、英ファイナンシャル・タイムズ紙は、過去十年間にアメリカが投じた費用の総額は一三八〇億ドル（およそ一四兆円）であると報じた。[*1] イラク再建にはインフラ再建だけでなく、駐留軍の維持、セキュリティー対策などにも莫大な費用が必要だった。

同紙は、十年間でおよそ四〇〇億ドルの契約を国防総省と結んだKBR社に注目した。ニューヨーク証券取引所に上場する総合エンジニアリングの大手だった。

イラクの安定は、「重し」となっていたサダム・フセインの退場で、一気に崩れた。それでもアメリカは、「啓蒙的な（傀儡）政権をつくればイラクは民主化される」という夢物語を捨てなかった。だからこそ（表面上だけでも）和平が訪れたことにしたかった。そのためには、相当規模の米軍を駐留させなくてはならなかった。二〇〇八年になっても一八万二〇六〇人が駐留していた（ワシントン議会報告書[*2]）。兵士の生活インフラは一から構築しなくてはならなかった。

ＫＢＲ社は、国防総省との随意契約によって、軍の衣食住（兵舎建設、食事提供など）にかかわるすべての業務を請け負った。同社は、後に国防総省に対する過大請求、イラク国内でのキックバックあるいは米連邦政府職員買収等の不法行為で訴えられることになる。しかし、ジャーナリストらは、疑惑の本丸は同社の親会社ハリバートン社（軍事インフラ設備エンジニアリング会社）と疑った。ハリバートン社はチェイニー副大統領との密接な関係があった。同社もニューヨーク株式市場上場の大企業であり、チェイニー副大統領は一九九五年から二〇〇〇年まで同社ＣＥＯだった。

チェイニーが政府要職に就くことで、ハリバートン社とチェイニーがいかに潤《うるお》ったかについては多くの調査がある。コーネル大学の研究ではそれが時系列にまとめられている[*3]。

一九九〇年代初期から一九九三年：国防総省（長官：ディック・チェイニー）は石油採掘エンジニアリング会社であったハリバートン社にイラクのクウェート侵攻（第一次湾岸

戦争）後の油田再建事業プロジェクトを発注

一九九二年：ハリバートン社、米陸軍工兵司令部関連事業を実質的随意契約（形式は一般入札）で受注（期間五年）

一九九五年：チェイニー、ハリバートン社CEO就任

二〇〇〇年：チェイニーのこの年の年収二〇〇〇万ドル、退任時報奨金六二〇〇万ドル（ストックオプション等含）

二〇〇一年一月：チェイニー、副大統領就任（ブッシュ政権）

同年七月：KBR社、米陸海軍の海外派兵駐留にかかわる事業を一括引き受け（期間十年）、コストプラス一％の最低保障付発注、ボーナスあり（利益完全保障契約）

二〇〇三年九月：チェイニー、ハリバートン社との関係は完全に切れていると証言。実際は同社から退職慰労金を継続的に受領

二〇〇三年十二月：ハリバートン社、破壊されたイラク油田再建事業を随意契約受注

ブッシュ大統領は、イラク戦争の大義として大量破壊兵器の保有（開発）の危険性を挙げた。バクダッド陥落後、アメリカ軍はその存在を示す証拠を懸命に探したが、どこにも見つからなかった。アメリカ情報機関の報告は間違っていなかったのである。捕えられたサダム・フセインをCIA分析官ジョン・ニクソンが尋問した。側近幹部も取り調べた。その結果、「大量破壊兵器

は存在しない、核兵器の開発はかなり前に中止されていた」と結論づけた。引退していたニクソンに接触し、この証言を引き出したのは英国のインディペンデント紙（二〇一七年一月四日付）だった。[*4] 米国主要メディアはこの証言を報じなかった。

二〇〇七年六月、ブレア首相の後を襲ったゴードン・ブラウンは、イラク戦争の大義に疑問を感じていた。ブレアの判断にも疑念をもっていた。ブラウンは、英国のイラク戦争参加の経緯とその後の対応について本格的調査を命じた。調査を委《ゆだ》ねられたのはチルコット卿（ジョン・チルコット）だった。彼は、英国情報機関ＭＩ５（国内担当）およびＭＩ６（海外担当）の顧問も務めていただけに、情報分析のプロだった。二〇一六年七月、調査結果（チルコット報告書）が公表された。

英国ガーディアン紙（二〇一六年七月六日）は、「チルコット報告書はトニー・ブレア首相を厳しく批判する内容である」と報じ、その要点をまとめた。

一　外交交渉による平和的解決の可能性が残っているにもかかわらず、英国は米国追随を決めた

二　ブレア首相は、サダム・フセインの危険性を意図的に過大評価した

三　ブレア首相は、「何がなんでも君を支援する（I will be with you, whatever）」とブッシュ大

チルコット報告書（2016年7月）

統領に約束した

四　イラク侵攻は、不十分な環境の中での決定だった。意思決定の経緯を示す記録も残されていない

五　戦後のイラク再建計画についてブッシュ政権は英国のアドバイスを聞いていない

六　サダム・フセイン政権には喫緊《きつきん》の危険性はなかった

七　英国情報部の報告には間違いがあった

八　侵攻に参加した英軍の装備は不十分であった

九　仮に英国がイラク侵攻に参加しなくとも英米関係は悪化することはなかった

十　イラクに侵攻すればどうなるか（イラクの不安定化）の警告をブレア首相は無視した

十一　英国政府は戦後計画をもっていなかった

十二　イラク再建計画に英国はまったく口出しできない
十三　イラク侵攻の目的（安定した民主主義政権の創出）は果たせていない
十四　英国政府は、イラク民間人の被害について正確に把握（調査）しようとしていない

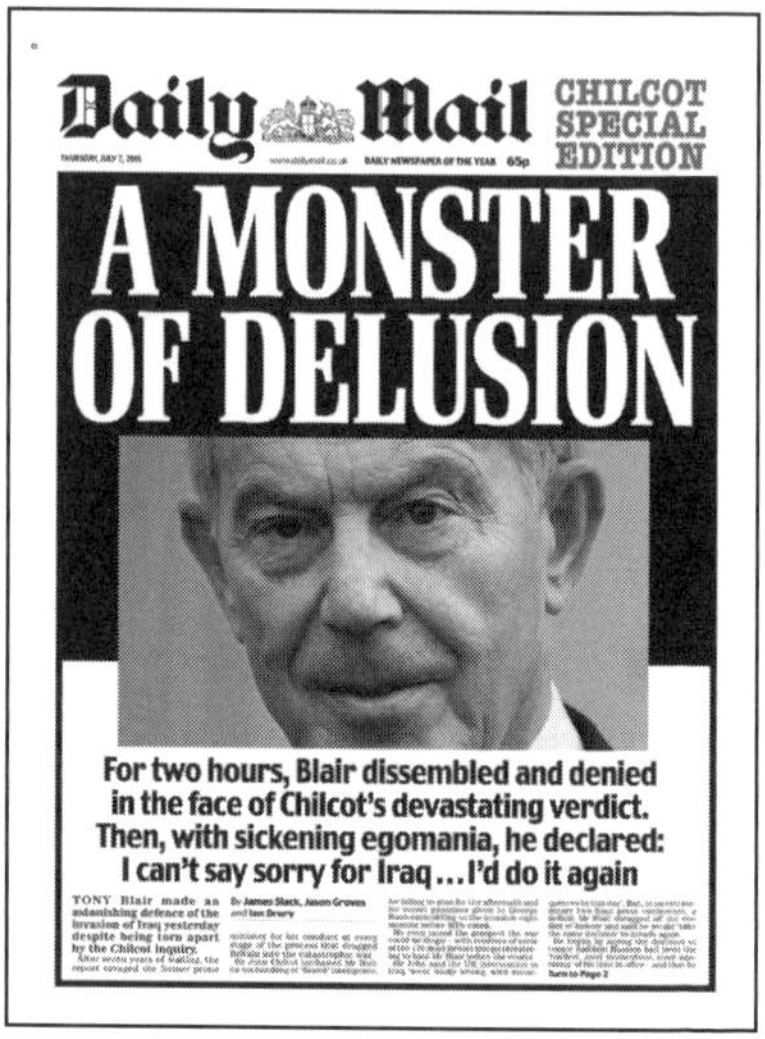
Daily Mail
CHILCOT SPECIAL EDITION
A MONSTER OF DELUSION
For two hours, Blair dissembled and denied in the face of Chilcot's devastating verdict. Then, with sickening egomania, he declared: I can't say sorry for Iraq ... I'd do it again
TONY Blair made an astonishing defence of the invasion of Iraq yesterday despite being torn apart by the Chilcot inquiry.

ブレア首相の責任を報じるロンドン・デイリー・メイル紙（2016年7月7日付）

チルコット報告書は、ブレア首相個人の責任は問わなかったものの、イラク戦争は間違いであったと結論付けたのである。イラク戦争におけるネオコン的大義は少なくとも英国では崩れた。

＊１：Anna Fifield, Contactors reap $138billion from Iraq war, March 18, 2013
＊２：CRS Report for Congress, U.S.Forces in Iraq, July 24, 2008
https://fas.org/sgp/crs/mideast/RS22449.pdf

＊３：The Halliburton affair: conflict of Interest at its worst
https://www.cs.cornell.edu/gries/howbushoperates/haliburton.html

＊４：Caroline Mortimer, CIA officer who interrogated Saddam Hussein says there were clearly no WMDs in Iraq,Independent UK, January 4, 2017
https://www.independent.co.uk/news/world/middle-east/cia-officer-saddam-hussein-interrogate-wmds-iraq-weapons-of-mass-destruction-war-a7509081.html

やまない干渉主義
ヒラリーの仕掛けた「アラブの春」工作

二〇〇八年十一月、民主党の擁立《ようりつ》したバラク・オバマが大統領選を制し、アメリカ史上初のアフリカ系（黒人）大統領となった。誰もが、「弱者に優しい」政治、「小国にも思いやりのある外交」を展開してくれると期待した。彼のミドルネームはフセインでもあり、イスラム文化への理解がありそうにも思えた。

前節で、チルコット報告書について書いた。英国ではこのころには、ブッシュ前政権の外交は間違いだったと認識されていた。アメリカ国内でも同様の思いがあったからこそ、アメリカ国民は共和党候補を拒否し、オバマに政権を託した。「Yes, We Can」の勝利スピーチ（二〇〇八年十一月五日）を聞いた誰もが、彼は「非干渉主義」外交に舵《かじ》を切ってくれると期待した。

「国民は、ブッシュ政権の外交は例外的に異質で、それが不幸な時代の原因だったと理解した。だからこそオバマに代われば、正常な外交に戻ると考えた」（政治評論家ロバート・ブリッジ[*1]）

オバマは選挙戦を通じて、ブッシュ外交の修正を約束していた。しかし、その公約は次々に破られた。国務長官にヒラリー・クリントンを登用したことでそうなることは明らかだったが、国民のほとんどが彼女がネオコンであるとは知らなかった。共和党ブッシュ政権を操っていたネオコンの本籍地が民主党であること、したがって、少なくとも外交政策においては、共和党・民主党のあいだには違いがなくなっていることを国民は知らなかった。ブッシュ政権時代から、ネオコン官僚を要職に推してネオコンの政策遂行を支援してきたヒラリーは、「脇役」から「主役」に躍り出ただけであった。

ブリッジは、「オバマは羊の皮を被《かぶ》ったネオコン*2」だったと失望した。しかし、より正確にいえば、「ヒラリー・クリントンこそが羊の皮を被った狼（ネオコン）であり、オバマはこの狼を好き勝手にさせた牧童」だった。

オバマの公約の一つにグアンタナモ湾捕虜収容所の閉鎖があった。この施設はキューバにある。アメリカは、米西戦争（一八九八年）で、キューバのスペインからの独立を支援した。その「報償」に、グアンタナモ湾（キューバ島南部）を永久租借《そしゃく》した（一九〇三年）。グアンタナモ湾捕虜収容所はこの租借地に建てられた施設だった。

ここに多くのイラク内戦の捕虜やアフガニスタンで捕らえられたアルカイダのメンバーが送致され、劣悪な環境の中で過激な取り調べ（拷問）が進められていた。メディアがこの問題を頻繁に取り上げたため、同施設はブッシュ外交失敗のシンボルとなっていた。

政権が船出した二日後（二〇〇九年一月二十二日）、オバマ大統領は同収容所を一年以内に閉鎖すると明言した。しかし、ネオコン勢力はこれに反対した。その先頭に立ったのはチェイニー前副大統領だった。*3 結局、この公約は反故《ほご》にされた。

オバマは、アフガニスタン・イラクの戦いを終わらせるとも公約していたが、これも果たされなかった。イラクについては、「新政府軍の訓練」および「対テロ対策」と称して、およそ五万の軍の駐留継続を決めた。駐留期限は二〇一一年末までとされたが、それを信じる者は少なかった。

結局、オバマ新政権は、イラク戦争は成功だったとする解釈を前提にした外交を開始した。それが「ヒラリー外交（「アラブの春」外交）」である。アラブ諸国のレジームチェンジを念頭に、各地で民主化運動を支援した。

アラブの春はチュニジアから始まった。二〇一〇年十二月十七日、露天商モハメド・ブアジジが焼身自殺した。腐敗した政府への抗議の死だったと報道された。チュニジアでは、この事件をきっかけに反政府運動に火がつき、翌一一年一月十四日には、ベン・アリー大統領は国外に逃亡した。二十三年間最高権力者にあった男はあっけなく消えた。チュニジアの「民主化」成功（ジャスミン革命）は、中東各国に飛び火した。オマーン、エジプト、モロッコ、シリア、ヨルダンで反政府運動が始まった。

二月十一日、エジプトのムバラク大統領が辞任し、すべての権限は軍最高評議会（SCAF）に移譲された。この四日後にはリビアで反カダフィ（最高指導者）の武装闘争が始まった。リビア北部の首都（港湾都市）トリポリで火のついた闘争は次第に各地に飛び火した。八月に入ると、トリポリ攻防戦が始まった。反政府グループ（国家権限移譲委員会NTC：National Transitional Council）とカダフィ勢力の戦いは、二十日から二十八日まで続いた。NTCがトリポリを制圧するとカダフィは逃亡し、同政権は崩壊した。十月二十日、逃亡していたカダフィは、スルト（北部港湾都市）で拘束され、嬲《なぶ》り殺された。これほどあっけなくカダフィ政権が崩壊したのは、二〇一一年三月から国連安保理決議に基づいてNATO軍が反政府組織を援護する空爆を続け、政府軍を弱体化させていたからだった（リビア崩壊の顚末《てんまつ》については次章で詳述する）。

シリアのアサド大統領は、中東各地で広がる反政府運動の後ろに外国勢力の暗躍があることを見て取り、全国民が結束して反政府運動に抵抗しなくてはならないと訴えた（二〇一二年一月十日）。一月三日、アサドは、反政府勢力（自由シリア軍）の蔓延《はびこ》る西部の町ホムスを攻めた。

同年六月、エジプトで大統領選挙があった。新大統領にはアメリカで教育を受けた、ネオコンお気に入りのムハンマド・ムルシーが当選した。シリア（アサド大統領）は、アラブの春の背後に蠢《うごめ》くアメリカの干渉主義者（ネオコン）の動きを確信した。

一人の露天商の自殺をきっかけに、なぜ中東各国で反政府運動が同時的に起きたのだろうか。みなイスラム国であり、独裁体制が続いていたとはいえ、その成り立ちや経済状況あるいは独裁の程度などにはばらつきがある。各国の反政府運動が一斉に活発化したのはなぜなのか。その不可思議さを解く鍵は、ネオコン主導で創設されたアメリカ国内のNGO（非政府組織）諸グループの動きにあった。中でも注目すべきなのが、「民主主義のための国家基金（NED：National Endowment for Democracy）」であった。NEDが「アラブの春」なる交響曲の指揮者だった。

＊1、2、3：Robert Bridge, "Obamamania":Barack Obama: A Neocon in sheep's clothing, Global Research, May 30, 2011

第2章

カダフィ排除から露呈したネオコンの悪行

NED（民主主義のための国家基金）とAYM（若者運動連盟）の正体

前章最終節で、NEDが「アラブの春」なる交響曲の指揮者だと書いた。この組織が産声《うぶごえ》をあげたのはレーガン政権時代（一九八一～八九年）にまでさかのぼる。この時期、CIA（中央情報局）によるアメリカ国内法規を無視した外国政府への干渉が露見していた。それがイラン・コントラ事件（一九八六年）だった。アメリカは、イランに禁輸されていた武器を手配する見返りに、アメリカ人人質（イランの支援を受けたレバノンの過激派ヒズボラに拘束されていた）の解放を求めた。イランへの武器供給のための資金に三〇〇〇万ドルが用意されたが、実際に使われたのは一二〇〇万ドルだった。残りの一八〇〇万ドルは、ニカラグアの反政府組織支援に流用された事件だった。

当時、ニカラグアはソビエトの後ろ盾を得たサンディニスタが政権を握っていた（サンディニスタ革命、一九七九年）。アメリカは、反政府組織（コントラ）への支援が必要だと感じていたが、当時の法律は、外国政府を転覆させる組織への公的資金投入を禁じていた。それを回避する苦肉の策がイランとの秘密交渉を利用した迂回《うかい》支援だった。司法省や議会の調査によって、この秘密工作にＣＩＡがかかわっていたことが明らかになり、最終的に四人のＣＩＡ職員が有罪となった。[＊1]

これ以降、気に入らない外国政府への干渉に、ＣＩＡなどの政府組織が「直接」かかわることは難しくなった。しかし、ネオコンたちは、アメリカの安全保障を脅《おびや》かす「可能性のある国」には内政干渉を続け、反政府組織への金銭的支援も必要だと信じていた。

考え出された方法（脱法行為）が、ＮＧＯ（Non-Governmental Organization：非政府組織）の利用だった。ＣＩＡや国務省が頼りにした団体が「民主主義のための国家基金（ＮＥＤ）」だったのである。

ＮＥＤは、イラン・コントラ事件発覚の少し前の一九八三年、当時のＣＩＡ長官ウィリアム・ケイシーの肝いりで設立された。[＊2]ＣＩＡの非合法活動の「外注化」組織だった。ＮＥＤ設立趣意書執筆に携《たずさ》わったアレン・ワインスタイン（ユダヤ系）は、「ＮＥＤの仕事のほとんどが、二十五年前にはＣＩＡがやっていたものだ」（一九九一年九月、ワシントンポスト紙[＊3]）と述べている。

ＮＥＤ会長に推されたのはカール・ガーシュマン（一九四三年生）だった。彼は現在（二〇一九年現在）でもその職にある。若いころは社会主義思想にかぶれたが、その後は強烈な反共主義者となった。いまでは、米政府から年一億ドルもの潤沢な補助金を受け、世界各地の反政府系Ｎ

GO、活動家あるいはメディアを支援する大組織となった。[*4]
以下はNEDが関与（資金援助）した各国選挙のリストである。こうした国の反政府系グループへ資金援助することで選挙結果を左右させた。[*5]

一九九〇年　ニカラグア、ブルガリア
一九九一〜二年　アルバニア
一九九六年　モンゴル
一九九九〜二〇〇四年　ベネズエラ
二〇〇二年　スロバキア

二〇〇八年四月六日、AYM（若者運動連盟：Alliance of Youth Movements）なる新しいNGO組織がニューヨーク市で産声をあげた。世界の若者による民主化運動を支援する組織だった。会場には、国務省、国家安全保障省関係者などの代表に加え、ネオコンの巣窟《そうくつ》ともいえるCFR（外交問題評議会）関係者の姿があった。MSNBC、CBS、ABCの三大キー局やCNNといったメディア関係者の出席も目立った。企業スポンサーには、グーグル、AT&T、フェイスブックなどのIT企業の名があった。

注目すべきは、国務省から出席した二人の高官である。一人は、国務省政策企画室メンバーとしてヒラリーの外交政策立案にかかわることになったジャレード・コーヘン（一九八一年生）。彼は、コンドリーザ・ライス国務長官（共和党）に仕えることから外交政策にかかわり始めた人物だった。もう一人のジェイムズ・グラスマン国務次官は、ブッシュ前政権時代から対テロ戦争の対外広報活動の責任者となった。[*6]

設立総会には、四月六日運動（April 6 Movement）と呼ばれるグループがエジプトから参加していた。彼らは旗揚げ総会が終わるとセルビアに飛んだ。ＣＡＮＶＡＳと呼ばれるベオグラードのＮＧＯから反政府活動のいろはを学ぶためだった。ＣＡＮＶＡＳはアメリカからの支援を受け、ミロシェヴィッチ政権を転覆（二〇〇〇年）させた実績があった。

四月六日運動のメンバーがいかなる訓練を受けたかはよくわかっていないが、ＳＮＳの効果的利用法を学んだことは確かだった。同志間のコミュニケーションにはインターネットが利用されるが、独裁政権はそれを許さない「ファイアウォール」を構築している。反政府組織にとって、「ファイアウォール」をかいくぐる新技術の習得は欠かせない。

また、「パニックボタン」と呼ばれる技術の供与も受けたらしい。メンバーが拘束されると、所有するコンピューターや携帯電話に残された情報で、組織が壊滅する。それを防ぐための技術がパニックボタンである。メンバーが拘束の危機に遭遇した場合、コンピューターや携帯電話に仕込まれたパニックボタンを押すだけで、すべてのコンタクト先が消去される。同時に、メンバーに危機を知らせる。

「パニックボタンはヒラリー・クリントン国務長官がインターネットの自由がチュニジアやエジプトで果たした役割を強調したことで注目されるようになった。（中略）アメリカは、抑圧的な政府の検閲を逃れる技術開発のために、二〇〇八年以降五〇〇〇万ドルの予算を計上していた」[*7]

訓練を終えた四月六日運動の活動家がエジプトに帰国したのは二〇一〇年初めのことである。一月二十七日、彼らの帰国と同期するように、モハメド・エルバラダイ元ＩＡＥＡ（国際原子力機関）事務局長が帰国した。彼は直ちに、翌年に予定されている大統領選挙に立候補することを明らかにし、「変革のための国民協会」を組織した。

モハメド・エルバラダイ（1942年生〜）

エルバラダイと四月六日運動メンバーの動きは連動していた。ヒラリー・クリントン国務長官に代表されるネオコンのお眼鏡に彼がかなったのである。アメリカは彼を次期大統領に据えるつもりだったが、国民的人気はなく、大統領にはなれなかった。

エルバラダイは不思議な人物である。先に、イラク侵攻前にチェイニー副大統領やライス補佐官が、サダム・フセイン政権は核兵器を保有していると「偽りの情報」を流したと書いた。このころ、エルバラダイはIAEA事務局長として、イラクの核保有の有無を調査していた。彼は、「イラクは核兵器を保有も開発もしていない」と結論付けた。IAEAの発表（二〇〇三年三月七日）[*8]は、ブッシュ大統領による対イラク宣戦布告の五日前のことである。

エルバラダイはアメリカの嘘を良く知っていたはずであり、アメリカからの覚えは悪い人物である。それにもかかわらずノーベル平和賞を受賞した（二〇〇五年）。そして、四月六日運動の工作活動に歩調を合わせるように帰国し、大統領の座を狙った。彼はニューヨーク大学で国際法を学んでいる。ネオコンにどこかの時点で籠絡《ろうらく》されたのであろう。

＊1：イラン・コントラ事件については以下のサイトが要領よくまとまっている。
History.Com Editors, Iran-Contra Affair, August 10, 2017
https://www.history.com/topics/1980s/iran-contra-affair
＊2：NED設立の過程は以下に詳しい。
Robert Parry, Why Russia Shut Down NED Fronts, Consortium News, July 30, 2015
＊3：David Ignatius, INNOCENCE ABROAD: THE NEW WORLD OF SPYLESS COUPS, Washington Post, September 22, 1991

＊４：Why Russia Shut Down NED Fronts

＊５：William Blum, Trojan Horse: The National Endownment for Democracy
https://williamblum.org/chapters/rogue-state/trojan-horse-the-national-endowment-for-democracy

＊６：Tony Cartalucci, The US Engineered “Arab Spring”: The NGO Raids in Egypt”, Global Research, December 30, 2011

＊７：TGDaily, U.S. wants a mobile “panic button” for democracy activist, April, 2011

＊８：IAEA Director General Dr. Mohamed ElBaradei, The Status of Nuclear Inspections in Iraq: An Update, IAEA, March 7, 2003

エジプト民主化の失敗

四月六日運動の結成は二〇〇八年のことである。この年からおよそ一年間、エジプト国内でストライキを仕掛けたが、ムバラク政権によって抑え込まれた。しかし、フェイスブック、ツイッターなどのソーシャルメディアが、ムバラク政権打倒に有効であることがわかってきた。[*1] 四月六日運動メンバーのセルビアでの訓練では、二〇〇八年の失敗を踏まえて、ソーシャルメディアの有効な利用法と政府の監視から逃れる術《すべ》を学んだらしい。

エジプトに帰国したエルバラダイは英国のガーディアン紙のインタビュー（四月一日）に応え、一九八一年以来権力の地位にあるムバラク大統領を批判した。「独裁政権の長期化が続いているのは西側諸国の支持があるからだ。西側諸国はエジプト国内のリベラル勢力、穏健派社会主義勢力を支援すべきときである」と述べ、二〇一一年には大統領をめざすと表明した。

「ムバラク政権が抑圧的であっても、彼を排除したら、治安の箍《たが》がはずれ、イスラム過激派がエジプトに跋扈《ばっこ》する」と心配する勢力に対して、「西側諸国の支援が、穏健派リベラル勢力だけに限定されれば問題ない」と見得を切った。[*2]

エルバラダイは、ムバラク政権が独裁的だと激しく批判したが、政教分離が難しいイスラム諸国にあって、ムバラクは宗教勢力にそれなりの配慮を見せていた。その典型が「イスラム同胞団（Muslim Brotherhood）」の扱いだった。この組織は、一九二八年、エジプトイスラム教徒の世俗化を憂えたハッサン・アル・バンナによって結成された。原理主義的であるだけに、メンバーは政治関与が禁止され、国外に逃れた者も多かった。

ムバラクは、イスラム過激派によるサダト大統領の暗殺（一九八一年十月六日）を受けて大統領に就任した。彼は、ソビエトとも周辺のアラブ国家とも一定の距離を置き、むしろ親米的な外交を展開することで政治の安定をめざした。イスラム同胞団の政治関与を限定的に容認し、「ガス抜き」も図った。西欧諸国、とりわけアメリカの視点からすれば不十分であったとしてもイスラム国家という条件下で、「限定的民主化」政策を進めていたのである。[*3]「ムバラク的」民主化に満足できない若者が四月六日運動グループの核となっていた。それを国務省ダミーのNGOが支援（利用）した。

ムバラク政権が維持してきた「それなりの安定（制限された民主主義）」は、エルバラダイと四月六日運動グループの帰国でたちまち崩れた。エジプトの不安定化は、彼らの帰国少し前から始まっていたとはいえ、彼らの帰国でいっそう悪化した。[*4]彼らは、カイロ市内の要所で反ムバラク集会を組織して気勢を上げた。フェイスブックやツイッターがそうした集会を容易にしていた。[*5]

一月三十日、カイロ市内タハリール広場で大規模集会があった。ここに現れたエルバラダイは、「もはやこの運動を止めることはできない」と訴え、運動の先頭に立った。カイロの「反乱」は、スエズ、アレキサンドリアといった地方都市に飛び火した。オバマ大統領は、次のように述べ、反政府運動を支援した。彼の発言はYouTubeを通じてエジプト各地に拡散された。

「国民が政府への不満をぶつけるメカニズムがなくてはならない。ムバラク大統領のエジプトはわが国の同盟国であった。私は彼に対してつねに、政治改革・経済改革を進めるべきだと忠告してきた。そうすればエジプト国民はより幸福となる。各地で行なわれている集会は彼らのフラストレーションの表れだ[*6]」

二月四日になると、オバマ大統領はムバラク大統領は職を辞すべきだと言い切った。ムバラクは、国内騒乱の裏にアメリカの意志があることを感じたはずである。アメリカに捨てられたことを確信したムバラクが政権の座を降りたのは、二月十一日のことである。この日、副大統領オマール・スレイマンが、「軍に全権を委ねる。ムバラクの決断である」と発表した。親西欧だった「世俗的な制限的民主国家」「それなりの政教分離を成功させていた国家」エジプトはこうして崩壊した。

反ムバラク・デモンストレーション

エルバラダイが、ムバラク大統領の後継になると思われた。しかし、ネオコン勢力は、彼をムバラク排除運動の神輿《みこし》にのせて担いだだけだったようだ。同政権の崩壊が確実になった一月末、ネオコンの一人マルコム・ホーエンライン（米国主要ユダヤ人組織評議会副会長）が、「エルバラダイは、（核開発を進める）イランに甘い人物だ」と批判した。[*7] ネオコン勢力は、彼がIAEA委員長時代に、「イラクは核開発をしていないし、核兵器も保有していない」と結論付け、ブッシュ政権を困らせた過去を許していなかったのである。彼の分析は事実だったが、ネオコンにとってはどうでもよかった。

　ムバラクの消えたエジプトはしばらく混乱したが、二〇一二年六月の選挙でイスラム同胞団出身のムハンマド・ムルシーが大統領となった。しかしムルシーは、経済運営に失敗した。インフレのコントロールができず、通貨安にも見舞われた。拷問の禁止、公安権力の制限、司法の独立といった公約も守れなかった。イスラム同胞団に強い力をもたせたため、国内のキリスト教徒（コプト教会）も、イスラム穏健派も離反した。半年後の十二月には反ムルシー活動が始まり、翌七月初め、国防大臣アブドルファッターフ・アッ・シーシー将軍による軍事クーデターでその座を追われた。国民のほとんどが軍を支持した。

シーシーは二〇一四年五月末の選挙で当選し、大統領に就任した。いまもその地位にあり、「制限された民主主義」の中で、景気浮揚と治安維持に腐心している。極論すれば、エジプトにおけるアラブの春は振り出しに戻っただけだった。ムルシーはほかのイスラム同胞団の幹部らとともに逮捕された。死刑は免れたが、二十年の禁固刑となった。罪状は、反政府デモ隊に対する虐殺だった。外国政府エージェントとコンタクトがあったことで国家転覆罪の裁判も進行中だった。二〇一九年六月、裁判のさなかに倒れ亡くなった。

＊1：David M. Faris, The end of the beginning: The failure of April 6th and the future of electronic activism in Egypt, Arab Media&Society, October 14, 2009

＊2：Daily News Egypt, Advertising AreaAdvertising AreaPolitics ElBaradei blasts 'failure' of Western Mideast policy in Guardian interview, April 1, 2010

＊3：Jacob C.Potts, The Muslim Brotherhood and Egypt's Failed Democratic Transition, Inquiry Journal, 2016,

Vol.8 No10

＊４：当時の状況は以下のサイト（アルジャジーラ）にて時系列で確認できる
https://www.aljazeera.com/news/middleeast/2011/01/201112515334871490.html

＊５、６：NDTV, Egypt unrest escalates, ElBaradeireturns, January 28, 2011

＊７：Ari Berman, Neocons Attack Egyptian Dissident Mohamed ElbaradeiAgain, The Nation, January 31, 2011

イスラム過激派の巣窟と化したリビア　その一

ネオコンにリードされた国防総省は、七つの国（イラク、シリア、リビア、レバノン、ソマリア、イラン、スーダン）のレジームチェンジを計画したと書いた。エジプトはこの中に含まれていない。ネオコン勢力は、エジプト・ムバラク体制のレジームチェンジにそれほどの重きを置いていなかった。エジプトのレジームチェンジを容認した理由は二つある。一つはアラブ諸国全体が民主化を求めているという「空気」を醸成《じょうせい》すること。そうすれば、狙いを定めた七つの国への「不当」介入を目立たなくできる。もう一点は、同国からリビアの反政府勢力への武器供給ルートを確保することであった。

リビアは、人口約六四〇万、エジプトの人口約九八〇〇万にくらべると少ない。しかし、国土は一七六万平方キロメートルあり、エジプトの二倍近い。東にエジプト、西にチュニジア、アルジェリア、南ではスーダン、チャド、ニジェールと国境を接する。北は地中海に面し、世界第一〇位（アフリカ第一位）の原油埋蔵量（四七一億バーレル）[*1]を誇る。

リビアおよびエジプトの
国民一人当たりのＧＤＰの推移（ＵＳ＄換算[*2]）

	リビア	エジプト
2009年	＄11,607	＄2,566
2010年	12,065	2,645
2011年	4,539	2,635
2012年	10,067	2,635
2013年	8,650	2,632
2014年	6,531	2,648
2015年	5,900	2,704
2016年	5,670	2,761
2017年	7,086	2,817
2018年	7,529	2,907

一九六九年の革命以来権力を握ってきたカダフィ政権は政治的安定を実現し、石油収入をベースにして豊かな国民生活を実現していた。そのことは上図の数字（国民一人当たりＧＤＰ）でわかる。比較のためにエジプトの数字も示した。

先に書いたように、「独裁者」カダフィは二〇一一年にその座を追われ、同年十月には反政府組織によって嬲《なぶ》り殺された。その結果、同国の経済は破壊され、二〇一八年になっても一向に回復していない。「カダフィは独裁政権であっても豊かな国民生活を実現していた」ことはまぎれもない事実だった。「アフリカン・エクスポネント」（アフリカの声を代表するオンラインニュースネットワーク）は、「独裁者」カダフィの「善政」を懐かしんだ（二〇一六年四月九日付[*3]）。

一　教育、医療費の無料化

二　新婚家庭への五万ドル贈与（持ち家促進政策）
三　世界最大級の灌漑《かんがい》システム工事の実施（GMR〈Great Man-Made River〉Water Supply Project：巨大な地下水源を利用したもの、日本のエンジニアリング大手である日本工営参加）*4
四　政府負債なし
五　安価なガソリン価格（二〇一一年時点）：リッター当たり一四セント（米ドル換算）
六　「持ち家を持つことは国民の権利」政策
七　女性の働く場所、服装制限の撤廃
八　十分な食糧確保　平均摂取カロリー：三一四四（世界食糧農業機関FAO調べ）

「カダフィは独裁者だったのか？　たしかにそうであった。（中略）しかし、彼は国を愛する心があった。世界は彼の善政については口をつぐんでいる」（アフリカン・エクスポネント）

カダフィのたった一つの罪は、国民から投票権を奪い独裁政治を進めたことだった。彼は、IMFあるいは世界銀行の影響下に入ることを嫌った。より正確にいえば、石油売買がドル建てである体制（ペトロダラーシステム）に組み込まれることを嫌った。*5　ペトロダラーシステムとは、金との兌換《だかん》性を失ったドル（フィアットマネー）の価値を維持するためにアメリカが創造したメカニズムである。財政赤字を続けるアメリカがもっとも恐れる事態は、世界に流出したドル（貿易赤字の結果）が国内に還流することである。
世界経済が拡大し続け、石油需要が増加するかぎり、ドルに対する需要は増える。石油取引にはドルが必要だからだ。その結果ドルは、アメリカ国内には還流しない。還流すれば制御不能なインフレに襲われる。アメリカが世界の強国であり続けられる理由は、財政赤字を続けながらも国内インフレを生まないメカニズム（ペトロダラーシステム）を作り上げたからである。石油取引がドル建てであるかぎり盤石な体制である。これを作り上げたのは、ニクソン政権時の国務長官ヘンリー・キッシンジャーだった。[*6]
カダフィは、このメカニズムを理解していた。だからこそ、自国通貨ディナールに金兌換性をもたせることでアメリカに挑戦した。それがゴールドディナール建て石油取引である。どこの国にも借金をしていない産油国だからできる構想だった。

「二〇〇九年のことであるが、当時カダフィは、アフリカ連合の議長だった（注：彼の任期は二〇〇九年二月から二〇一〇年一月）。この年、彼はアフリカ諸国に、取引のベース通貨を米ドルから、金との兌換性を保証されたゴールドディナールにすることを提唱した。この構想には、チュニジアのベン・アリー大統領もエジプトのムバラク大統領も賛意を示したようである」[*7]

二〇〇九年のカダフィによるゴールドディナール構想は、アメリカの世界覇権の根幹を揺るがす一大事であり、ペトロダラーシステムを基軸にした世界金融システムそのものへの挑戦だった。ヨーロッパの国際金融資本にとっても気分の悪くなる構想であった。

二〇一一年二月十五日、リビアの反政府運動は東部の港湾都市ベンガジで始まった。表向きは、人権派弁護士（Fathi Terbil）の逮捕に対する抗議から始まったことになっているが、チュニジア大統領の亡命（一月十四日）、エジプト大統領の辞任（二月十一日）に続く動きだった。「何者かのシナリオ」に沿っているかのようであった。[*8]

リビア地図

＊1：日本外務省データ
https://www.mofa.go.jp/mofaj/area/libya/data.html#03

＊2：Trading Economics.com, Central Bank of Lybia および World Bank
https://tradingeconomics.com/libya/gdp-per-capita
https://tradingeconomics.com/egypt/gdp-per-capita

＊３：Taenda Gwaambuka, Ten Reasons Libya Under Gaddafi Was a Great Place to Live, The African Exponent, April 9, 2016

＊４：GMR (Great Man-Made River) Water Supply Project
https://www.water-technology.net/projects/gmr/

＊５：ペトロダラーシステム成立の歴史的経緯については『コールダー・ウォー』（マリン・カツサ、草思社、二〇一五年）に詳しい。

＊６：同右、七八頁

＊７：F.William Engdahl, De-Dallarization: The Story of Gadafi's Gold Backed Currency is not over, Sputnik International, March 19, 2016

＊８：Alex Serafimov, Who Drove the Libya Uprising?, Interstate-Journal of International Affairs, 2012 Vol.4

イスラム過激派の巣窟と化したリビア　その二

カダフィ政権は反政府運動に容赦なかった。制空権は同政権が握っていたこともあり、新鋭戦闘機を使って反政府組織の軍事基地を叩いた。アメリカおよびEU各国の動きは素早かった。三月十四日、ヒラリー・クリントンはパリに向かった。

「私（ヒラリー）は、翌朝、グループ8の外相会議に臨んだ。グループ8とは独仏伊日英カナダロシアそしてわが米国である。複数のアラブ諸国からも大臣級が参加し、リビア空軍の自国民虐殺を止めさせるよう協力を求めてきた。（中略）フランスのサルコジ大統領は、カダフィ軍に反政府軍の根拠地であるベンガジを攻略させてはならない、関係各国が介入すべきだと訴えた[*1]」

反政府勢力が、東部リビアのベンガジを根拠地としたのには訳があった。同地は、有力部族であるハラビ族の支配地である。カダフィは、この部族の所有地を接収し、弱小部族へ再分配していた。これがリビア東部の反カダフィの要因となった。グループ8外相会議は、直ちに飛行禁止区域（No Fly Zone）を定め、リビア空軍の動きを止めた（最終的には国連安保理決議一九七三号〈三月十七日〉に拠《よ》る）。更にNATO軍はカダフィ政府軍への攻撃も開始した。八月二十四日、首都トリポリは反政府軍によって陥落したが、実質的にはカダフィはNATO軍に敗れたのである。

その後のリビアの状況を語る前に、カダフィが、反政府活動が活発化した直後の二月二十五日に前英首相トニー・ブレアと交わした会話について書いておきたい。ブレアは首相時代の二〇〇七年五月、カダフィとのあいだで「砂漠の密約（Deal in the desert）」を交わしていた。リビアにテロ活動を止めさせる見返りに、英国製防空ミサイルの売却を認めた。同時に、英国石油（BP）による天然ガス開発プロジェクトまで承諾させた。それ以来、二人のコンタクトは続いていた。先にブレア首相が、ネオコンに追随してイラク戦争で準主役を務めたことを紹介しただけに、ブレア首相とは何者だったのか理解に苦しむ。しかし、近現代史における英国外交のしたたかさに鑑《かんが》みれば、こうした態度こそがイギリスらしい。

二〇一一年二月二十五日の二人の電話会談は知られていなかった。公になったのは二〇一六年一月七日のことである。[*2]

同年二月二十五日、二人はこの日二度にわたって話し込んだ。最初の電話会談は午前十一時十

砂漠の密約　2007年5月30日

五分（ロンドン時間）から始まった。カダフィは、ベンガジの反政府運動はイスラム過激派によるジハード（聖戦）であると分析してみせた。

「彼らは北アフリカに足掛かりをつくり、地中海をコントロールする考えだ。次に狙うのはヨーロッパ大陸だ」

「奴らは（リビア）各地に細胞を潜り込ませ、好機の到来を待っていた。蜂起している連中はアルカイダと深い関係がある。このことを世界にしっかり伝えてほしい」

「（アルカイダのような）テロリストグループがアフリカや中東に跋扈《ばっこ》したらどうなるか。原理主義を信じない人びとは、一斉にヨーロッパに向けてエクソダスを始めるだろう」

二回目の会話は四時間後の午後三時四十五分に始まった。ブレアのほうが電話をかけた。このときのカダフィは興奮していた。「君らはテロリストグループやアルカイダの連中を支援するのか」と憤《いきどお》った。ブレアは、英国を含む国際社会が米国（ネオコン）のアジェンダに沿って、カダフィ排除を決めていることをわかっていた。彼に執拗に国外脱出を勧めた。彼の命を心配したのであろう。その勧めを拒否したカダフィは、「われわれは（国内のテロリストだけでなく）外国勢力に対しても断固戦う」「そうなればリビアはイラクの二の舞になり、血で血を洗う内戦になる」と警告した。NATO軍の空爆が始まったのは、この三週間後のことだった。

その後のリビアの状況（後述）は、カダフィの予言どおりになった。リビアはアルカイダの跋扈する地となり、「聖戦テロリスト」養成所と化した。リビアで育ったテロリストが世界へ散った。

二人の会話を報道したデイリーメール紙は、「西側の政策決定者よりも、カダフィのほうが先見の明があった。リビアへの介入はリビア国民を不幸にするだけでなく、西側の権益をも毀損《きそん》するとはっきりと見通していた」と報じた。

ポストサダム・フセインのイラクでも、安定した民主主義政権はできなかった。原因は周辺各国から原理主義過激派が流入し、テロ行為を繰り返すからである。なかでも危険な自爆テロリストはリビア北東部からやってきた。アメリカ陸軍士官学校（ウエストポイント）は二〇〇七年十二月、イラクのテロ事情を分析した（ウエストポイント報告書）。それによれば、イラクに侵入する外国人テロリストの出身国は第一にサウジアラビア（四一%）、そして第二がリビア（一九%）

であった。これにシリアとイエメン（各八％）が続いた。[3] ウエストポイント報告書は、アメリカは、過激原理主義者の台頭を嫌うリビア・シリア両政府と協力して、過激派排除に当たるべきだと結論付けていた。しかし、ブッシュ政権もオバマ政権もこの提案を無視した。[4] 外交を牛耳るネオコンにとって、レジームチェンジを画策している二つの国と協力などできるはずもなかった。

リビアからイラクにテロリストを送り込んでいた組織の一つにリビア・イスラム闘争グループ（ＬＩＦＧ）があった。二〇〇七年十一月、この組織はアルカイダ傘下となり、「西方のアルカイダ（ＡＱＩＭ）」と改称した。彼らの本拠地がリビア北東部の港湾都市ベンガジとデルナであった。このグループは目標を、イラクでのテロからカダフィ政権打倒にシフトさせた。ここでネオコンの思惑との合致が起きた。このころから、サウジアラビアやエジプトを通じて、リビア国内のアルカイダ組織へ武器の融通が始まった。[5]

＊１：Hillary Clinton, Hard Choices, Simon & Schuster, 2014, pp295-6
＊２：Daily Mail, January 7, 2016
＊３：Kristin Roberts, Saudis biggest group of al Qaeda Iraq fighters:Study, December 19, 2007, Reuters
＊４、５：Webster G.Tarpley, The CIA's Libya Rebels, March 29, 2011
http://tarpley.net/the-cia's-libya-rebels-the-same-terrorists-who-killed-us-nato-troops-in-iraq/

ベンガジ事件

ヒラリー・クリントン失墜の始まり　その一

反カダフィの運動が始まったのは二〇一一年二月半ばだった。その後すぐに、反政府組織による暫定統治組織（国民評議会）がベンガジに設置された（二月二十七日）。三一人からなる国民評議会議長に推されたのはムスタファ・アブドルジャリル（カダフィ政権司法相）だった。評議会メンバーのうち半分は非公開だった。身の危険のあるメンバーを守るためと説明されたが、アルカイダとつながりのある人物を隠しておきたかったのではないかと疑われている。[*1] 名前が公表されているメンバーはみなハラビ族出身であった。国連は、国民評議会をリビアの正式な政府として承認した（二〇一一年九月）。メンバーの中にアルカイダ関係者がいれば、大きな問題となるはずであった。

翌一二年七月七日、選挙が実施され、八月には国民評議会の権限は新設の国民議会に委譲された。国民議会はムハンマド・マガリエフを大統領に選出した。彼は、イスラム同胞団との関係が深く、やはりベンガジ出身者であった。いずれにせよ、ここまでの一連の動きは、ヒラリー・クリントン（ネオコン）にとっては計画どおりだったといえる。彼女は自らの外交を自著の中で自賛する。

「リビアは二〇一二年夏、歴史上初めての選挙を経験した。安全上の懸念はあったが、投票はうまくいき、違法行為（選挙妨害）もほとんどなかった。カダフィ政権下では、四十年間政治への参加が禁じられていたリビア国民の六〇％が投票した。（中略）リビア国民は街に繰り出しその喜びに沸いた[*2]」

ヒラリーは、ポストオバマの座を狙っていた。「アラブの春」とりわけ「『独裁者』カダフィの支配するリビアの『民主化成功』」は、次期大統領に相応しい資質があることを国民に示した。彼女の私的コンサルタントだったシドニー・ブルメンソール（ユダヤ系）は、リビア外交の「成功」の利用について次のようにアドバイスしていた。

「まず万歳（Brava!）と言いたい。あなた（ヒラリー）は、この歴史的偉業を褒め称えられることは間違いない。カダフィの最終的排除は（もうすぐ）成功すると思うが、そのときに、あなたは何処《どこ》にいたとしても、カメラの前でその成功を（国民に）すぐに伝えるパブリックコメントを出してほしい。休暇中であったとしてもだ。とにかく歴史に名を残さなくてはならない」

「コメントを出すにあたっては、『戦略の成功（successful strategy）』というフレーズを入れておくこと。その瞬間はあなた（のこれからのキャリア）にとってきわめて重要なものになる」[*3]

このメールはワシントン議会下院ベンガジ事件特別調査委員会によるヒラリーの国家機密漏洩疑惑の調査過程で明らかになったものである（同委員会については後述）。

ブルメンソールは、かつてビル・クリントン大統領顧問を務め、クリントン夫妻とは深い関係にあった。ヒラリーは、彼を国務省高官に迎え入れたかったが、オバマ大統領周辺幹部の反対で、政権に入れられず、クリントン夫妻が運営するクリントン財団に雇われていた。彼は中東の専門家ではなかったが、ヒラリーは頻繁にアドバイスを受けていた。この男の専門は選挙（アドバイザー）だった。彼は外交の政治利用にしか興味はなかった。

カダフィが反政府組織の兵士に嬲り殺されたのは、二〇一一年十月二十日だったと書いた。ヒラリーはこの模様をリアルタイムで見ていた。翌日、CBSニュースのインタビューを受けた。

ヒラリーのインタビューに応える様は、〈選挙屋〉ブルメンソールの指導に沿った演技だった。カダフィの死を見た彼女の感想は、「来た、見た、死んだ（We came, we saw, he died）」であった。満面の笑みを浮かべ、大げさな身振り手振りでカダフィの死を喜んだ。「来た、見た、死んだ」は、ローマの英雄シーザー（カエサル）の名言「来た、見た、勝った」をもじったものであ

CBSのインタビューに応えるヒラリー・クリントン（2011年10月21日）

る。人口に膾炙《かいしゃ》した洒落《しゃれ》た言葉を使って、自身の外交成果を国民にアピールした。早い段階から準備していたコメントであったことは間違いない。

筆者は、個人的感情は可能なかぎり捨象《しゃしょう》した著述を心掛けているが、この映像は不快だった。常識があれば、仮にカダフィが彼女やネオコンが主張するような独裁者だったとしても、彼の消えたリビアに安定した民主主義政治が構築されるまでには長い年月がかかる。そのことを思えば、このような「洒落た」ジョークではしゃぐ気分にはなれない。筆者は、大西洋上で、広島原爆投下成功の報を聞き、歓喜したトルーマン大統領（民主党）を想起した。

いずれにせよ、ヒラリー（ネオコン）の設計した「アラブの春」計画はここまでは順調であった。しかし、カダフィがブレア首相に語った不気味な予言は、たちまち現実となった。

＊1：The CIA's Libya Rebels

＊2：Hard Choices, p312

＊3：John Hinderaker, Blumenthal Email Confirms: Libya Was To Be Hillary's Crowning Accomplishment, Powerline, June 18, 2015
https://www.powerlineblog.com/archives/2015/06/blumenthal-email-confirms-libya-was-to-be-hillarys-crowning-accomplishment.php

ベンガジ事件

ヒラリー・クリントン失墜の始まり　その二

先に書いたように、「リビアの春」が始まったばかりの二〇一一年二月二十七日、反政府組織による暫定統治組織（国民評議会）がベンガジに設置された。これに続いて、オバマ（米）、サルコジ（仏）、キャメロン（英）の三首脳は、NATOによるリビア空爆を決めた。理由は、カダフィ政権による自国民虐殺を防ぐためだと説明された。

しかし、一方で、国民評議会とは何者なのだという疑念も浮上していた。フランスとポルトガルはこの組織を正当な政府として直ちに承認したが、メンバーの半分は正体不明だった。

この組織が単純な民間人組織ではなく、過激派も含む武装集団である可能性の高いことは容易に想像できた。米陸軍ウエストポイント報告書（二〇〇七年）で明らかになっているように、ベンガジ周辺（リビア北東部）は、イスラム原理主義者の巣窟であり、世界各地に自爆テロリストを送り込む過激派の天国だった。

その中心都市ベンガジで結成された国民評議会に、アルカイダに代表されるイスラム過激派メンバーが入っているだろうと疑うことは至極当然である。カダフィの殺害から一年ほど経った二〇一二年八月、そして十月、アメリカ国防情報局（DIA：Defense Intelligence Agency）はリビアの最新情勢を分析した二つの報告書を提出した。どちらのレポートも、リビア北東部におけるイスラム過激派の活動にホワイトハウスの注意を喚起していた。DIAは国防総省傘下の軍事情報に特化した諜報機関であり、マイケル・フリン中将が長官だった。

八月の報告書では、リビア北東部でアルカイダらのイスラム過激派が勃興していることを警告し、十月のレポートでは、カダフィの軍から接収された武器が、そうした勢力を介してシリアの反アサド勢力に運ばれ、最終的にISIS（Islamic State Iraq and Syria: イスラム国）に渡っている可能性が高いと分析されていた。[*1]

この報告書の存在は二〇一五年まで秘密にされていたが、民間団体の情報開示請求で明らかにされた。二〇一五年七月三十一日、DIA長官職を解任（二〇一四年八月）されていたフリン中将をアルジャジーラ（カタールの衛星放送チャンネル）がインタビューした。[*2]

「要するにあなたはこうしたグループ（イスラム原理主義過激派）を利用するやり方（反シリア政府組織やISISに武器を流す行為）には反対していたのですね。あなたの意見に耳を傾けなかった人物は誰でしょう？」（アルジャジーラ）

「政権全体です」（フリン）

「つまり（オバマ）政権はあなたの分析に目をつぶったということですか?」（アルジャジーラ）
「目をつぶったというよりも（そもそも過激派を利用することが）彼らの決定だったのでしょう」（フリン）
「つまり、（原理主義の）サラフィー主義者やアルカイダあるいはイスラム同胞団といったグループが（反カダフィ勢力の中に）いてもなお支援するという明確な意図があったということですか?」（アルジャジーラ）
「そういうことです」（フリン）

フリン元長官が証言しているように、オバマ大統領もヒラリー国務長官も、カダフィ政権を破壊するツールとしてイスラム過激派を利用していた。彼らを、ネオコンの次なるターゲットであるシリア（アサド政権）のレジームチェンジにそのまま利用することも既定路線だった。彼らがレジームチェンジを究極の目標としている以上、この意思決定には何の矛盾もなかった。

しかし、問題はアメリカ国民世論であった。「アラブの春」外交はあくまで民主主義を求めるアラブ諸国の人びとの熱い願いを叶えるためだと説明していた。「崇高な」目標を掲げておきながら、「自爆テロや捕虜の公開処刑などを繰り返す原理主義組織ＩＳＩＳを利用し、彼らに武器が渡るのを黙認（支援）していた」ことが露見すればオバマ政権はもたない。

忘れてはならないのは、二〇一二年はオバマが再選を狙う選挙の年であったことである。「アラブの春」はオバマが再選を狙う年に華々しい成果が上がるように計画されていた。とくに、「リビアの春」は、二〇一二年十一月六日の投票日に向けて、オバマ（クリントン）外交の成果をアピールする巧妙な演出であった。

オバマ再選に向けて順調にことが進んでいたかに見えた九月十一日、彼らの想定外の事件が起きた。ベンガジのアメリカ領事館が武装勢力に襲われ、同地に出張していた新任のクリストファー・スチーブンス駐リビア大使が殺害されたのである。大使の他に情報担当官ショーン・スミスも犠牲になった。領事館近くにあるＣＩＡが使用する建物も襲撃され、ＣＩＡの傭兵であったタイローン・ウッズとグレン・ドハーティも死んだ。

ベンガジ事件の犠牲者（上段左がクリストファー・スチーブンス大使）

スチーブンス大使（一九六〇年生）はカリフォルニア生まれの典型的なリベラル思想の若手外交官（五十二歳）だった。カリフォルニア大学では国際貿易法務を学んだ。一九九一年から外交官に採用されたが、大学卒業後の一時期、モロッコで英語教師を務めたことがあった。それ以来アラビア文化に傾倒した。

彼は独身で、子どももおらず、同性愛者であると噂されていた。民主主義国家にあっては問題ない性的嗜好であっても、同性愛者を激しく嫌悪するイスラム国家の大使にそうした人物を任命するヒラリー・クリントンの判断は正常ではない。スチーブンスがリビア大使に正式に就任したのは二〇一二年五月二十六日だった。彼はすでに前年の四月初めにベンガジに赴任し、活動拠点の構築を進めていた。彼にはベンガジの過激派勢力との深い人脈があったと考えられる。

いずれにしろ、大統領選挙戦真っ只中にこの事件は起きた。オバマ政権は、アラブ外交の成功（リビアの民主化）を誇ってきただけに衝撃を受けた。事件の首謀者が過激派武装勢力であることをホワイトハウスは知っていた（後日の調査で判明）。しかし、この事実をそのまま国民に説明できなかった。そうしてしまえば、リビアの解放は「第二のイラク」をつくっただけではないのか、と国民から厳しい目を向けられる。幸い、この時点ではリビアで何が起きているか誰も知らなかった。

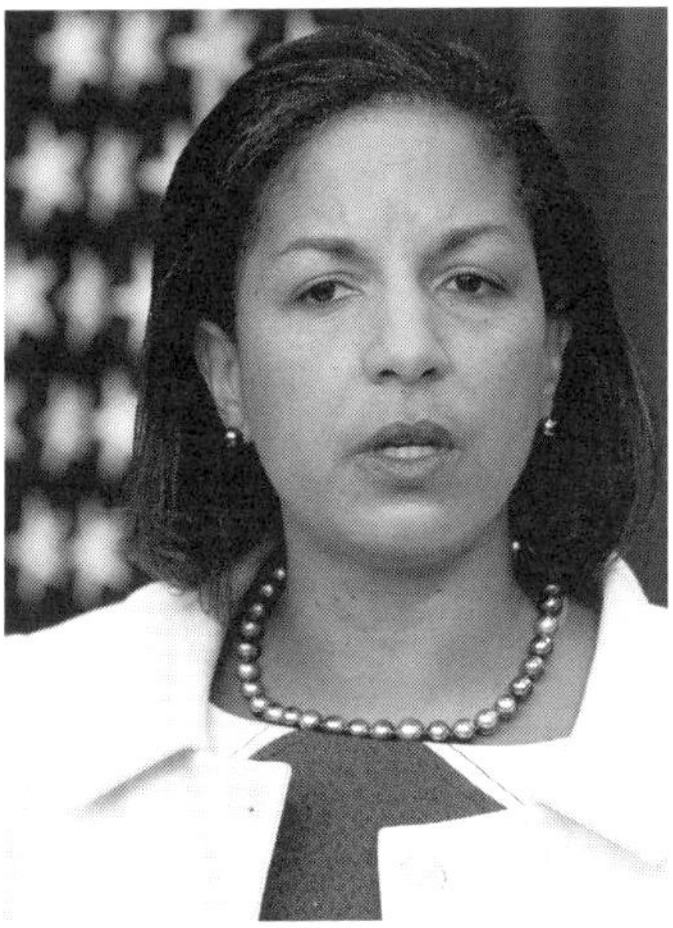
スーザン・ライス（1964年生～）

事件の火消し役を命じられたのはスーザン・ライス国連大使だった。事件のあった週末の日曜日（九月十六日）、彼女は五つのテレビの政治トークショー（「Face the Nation」「Meet the Press」等）をかけもち出演し、「ベンガジ事件は、予言者モハメッドを侮辱するアメリカ発のホームビデオがインターネットで配信されたことが原因であった。これを見たエジプトやリビアの一般民衆が怒りを爆発させたことで起きた」と説明した。もちろん作り話だった。当時の駐トリポリアメリカ外交団のナンバー2であったグレゴリー・ヒックスは次のように証言している。

「（スーザン・ライスのテレビでの説明を聞いて）私（ヒックス）は驚いた。二十二年間の外交官生活があるが、このときほど恥ずかしく情けないと思ったことはなかった」

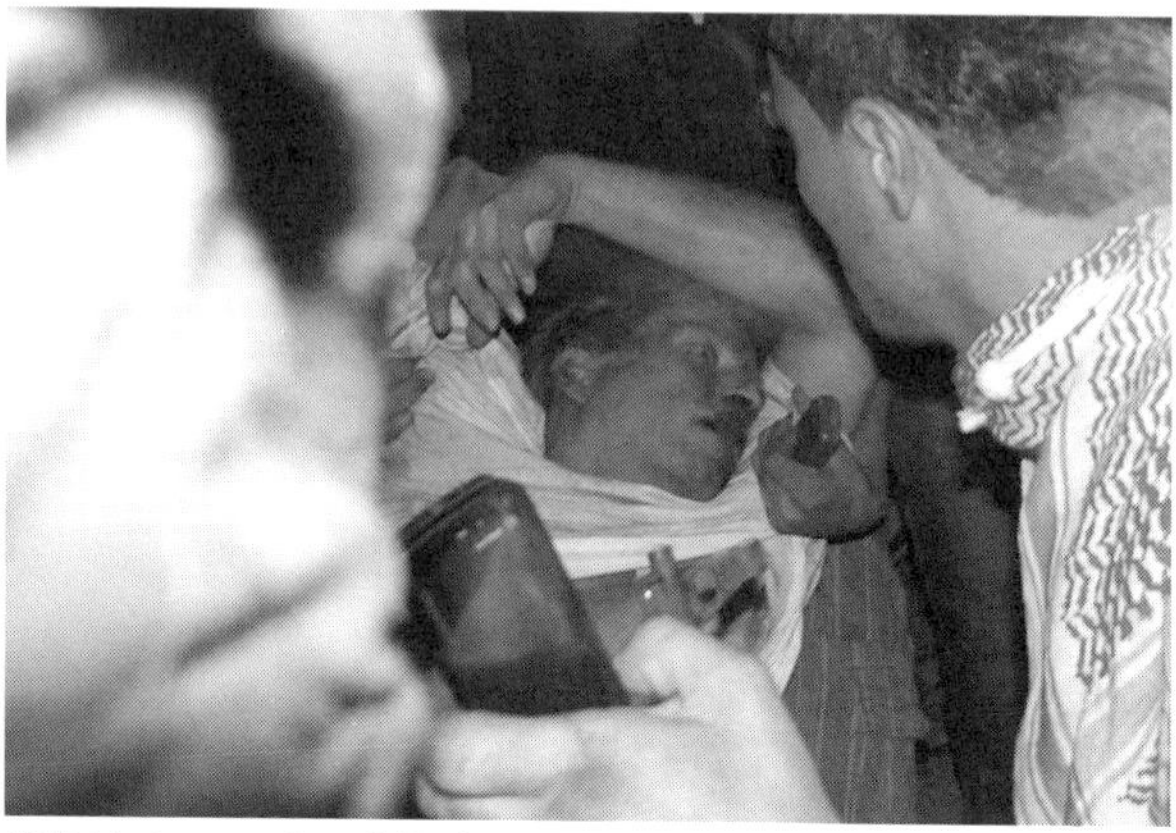
殺害されたスチーブンス大使（この時点での生死は不明）

　ヒックスは、ライスの説明がリビア現地から本省に上げた情報（アルカイダの関与の疑い）とまったく違うことに驚いたのである。その後の調査で、ライスは、前日の土曜日、電話会議で二人のオバマ政権幹部から、トークショーで語る内容についてコーチされたことがわかっている。

コーチ役はベン・ローデス（大統領副補佐官、外交政策担当）とデイヴィッド・プラフ（大統領付シニアアドバイザー）だった。国務省、国防総省、CIA、FBIなどの諜報部門はこのコーチングに関与していない。[*3] ローデスは大統領のスピーチライターであり、プラフは二〇〇八年大統領選の民主党選挙キャンペーンマネージャーだった。二人とも国内世論担当の「政治屋」だった。ライスは、アフリカ系若手外交官であり、その知的な笑みは魅力的である。だからこそ火消し役に選ばれた。

ライスのテレビ出演の翌日、反イスラムホームビデオを製作したとされるエジプト系アメリカ人バッセレイ・ナコウラとその家族がロサンジェルスで拘束された。後にビデオとベンガジ事件の関連性は否定されるが、少なくとも二〇一二年九月半ばの時点では、国民が納得できる筋書きだった。オバマ大統領、ヒラリー・クリントン国務長官あるいは二人をとりまくネオコン官僚らは、これで事態が鎮静化することを期待した。

しかし、そうはならなかった。現役の大使殺害は重大事件だった。一九七九年二月にアドルフ・ダブス駐アフガニスタン大使が誘拐・殺害されて以来のことだった。爾来《じらい》、国務省は外交官の安全については、十分な配慮をしていたはずだった。ワシントン議会の複数の委員会が、再発防止を主たる目的とした調査を開始した。

＊1、2：Michael and Jeffrey Steinberg, Gen. Michael Flynn, Benghazi, and Why Obama must be removed, EIR, August 21, 2015, p29（公開は二〇一五年五月二十二日）

＊3：Pamela Engel, Benghazi Report, Business Insider, June 28, 2016
https://www.businessinsider.com/state-department-susan-rice-benghazi-2016-6

第3章

ヒラリー・クリントン機密漏洩問題の発覚

露呈した私的サーバー利用

下院ベンガジ事件特別調査委員会

ワシントン議会は、ホワイトハウス（スーザン・ライス国連大使）の公式説明には納得できなかった。議会は複数の委員会が、スチーブンス大使の殺害の原因と経緯に深い関心を示した。上院では国土安全保障・政府問題委員会、情報問題特別調査委員会、外交委員会が、下院では監査政府改革委員会、外交委員会、司法委員会、軍事委員会、情報問題常設特別調査委員会が動いた。前章までの記述には、こうした委員会の調査によって後日、明らかになった事実関係もある。それについては可能なかぎり明示的に記述したが、読者におかれては当時の人びとが場面場面でどれだけの情報をもっていたかに注意しながら読み進めていただきたい。当時は知られていなかった事実も多かった。

二〇一三年一月、クリントン国務長官は上下院の委員会で総計六時間にわたって証言した。オバマ政権のベンガジ事件への対応は適正だったとする弁明に終始したが、鋭い質問の連続に、取り乱す場面もあった。なかでも、上院外交委員会における共和党ロン・ジョンソン議員（ウィスコンシン州）の質問への反応は、彼女の「冷酷さ」を示すものだった。

ジョンソン議員は、ライス国連大使の虚偽説明を問題視していた。質問の時点では、ベンガジ事件発生前に同市の一般民衆が件《くだん》のビデオを観て抗議した事実はなく、スチーブンス大使殺害はイスラム原理主義勢力によるものであることが明らかになっていた。

「救出されたメンバーに電話で状況を聞けば、抗議活動などなかったことはすぐわかるでしょう」（ジョンソン）

「しかし、ジョンソン議員、――」（ヒラリー）

「こんなことは数時間で確認できる」（ジョンソン）

（中略）

「抗議活動があってそれが暴発した。そして大使殺害事件になったと説明されてきた。これが事実でないことはすぐにわかったはずだ。にもかかわらず国民はそれを知らされなかった」（ジョンソン）

この質問にヒラリーは「激昂《げきこう》」した。

「四人の同胞が死にました。その原因が抗議の暴徒化によるものか、（何者かが計画して）アメリカ人なら誰でもいいから殺してやろうとしたのか。そんなことは、どうでもよいではないですか

（What difference does it make?）。（中略）なぜ武装した連中があのようなことをしたのかを探るよりも、犯人を探し出して法の裁きを受けさせるほうが大事でしょう。あのとき何が起こっていたかはそのうちわかります」（ヒラリー）

彼女は、政権のついた嘘（スーザン・ライスの虚偽説明）に対する追及に耐えられなかった。犯人は武装した連中（傍点部：過激派の意）だとまで認めている。筆者はこの尋問をリアルタイムで観ていた。彼女の振る舞いと表情、それに呆れる議員たちの様を注意深く観察した。筆者には彼女が「キレた」ように感じられた。その場にいた議員たちもそう感じたに違いなかった。呆れたジョンソン議員は、「ＯＫ、ご苦労様でした。マダム国務長官」と述べ、静かに質問を終えた。彼の表情は悲しげに見えた。

ヒラリーはたしかに「激昂」し、取り乱した。そうでありながら、国民に「ネオコン外交」自体が誤っていたと疑わせない工夫があった。国民の関心を犯人の処罰に向けたのである。「アラブの春」外交によって、リビアの安定を破壊したことへの関心をもたせてはならなかった。

ヒラリーに厳しかったのはジョンソン議員だけではなかった。共和党ランド・ポール議員（ケンタッキー州）の質問は、ネオコン外交の本質に迫る鋭いものだった。リビアが、過激派が跋扈する地域であることがわかっていたにもかかわらず、外交官の安全面の配慮を怠《おこた》ったこと、スチ

「What difference does it make?（そんなことは、どうでもよいではないですか）」上院外交委員会でジョンソン議員の質問に答えるヒラリー・クリントン国務長官（2013年1月23日）

ーブンス大使の死にかかわる責任を誰一人として取っていないことを指摘し、リーダーシップが欠如していると責めた。さらに加えて、もう一つ強烈な質問をぶつけた。

「我が国は、リビアにおいて武器を調達し、つまり売ったり買ったりのあらゆる方法によってですが、そこからトルコに送っているのではないですか」（ポール）

「トルコですって？　記録を見てみないとわかりませんが、そのようなことは誰からも聞いていません」（ヒラリー）

「そのような報道が出ているではないですか。トルコも含めた外国に対するリビアで調達した武器の手配に我が国が関与している疑惑です。襲われたCIAの建物は武器調達に便利な場所にある」（ポール）

「知りません（後略）」（ヒラリー）

各委員に与えられたヒラリー証人への質問時間はわずか五分だった。その中での唐突にも感じられる質問であった。「知りません」という彼女の回答は、嘘か、職務怠慢かのどちらかだった。ポール議員の言うように、リビアからやってきた貨物船が武器を積んでいたことは何度も報道されていた。次頁の写真は、レバノン海軍によって捕獲された、リビアからやってきた貨物船である。この船に大量の武器が積まれていたことはすでに報じられていた。

ヒラリーが国務長官職を辞したのは、この証言からわずか一週間後のことであった（二月一日）。辞任の理由はよくわからない。二〇一六年の大統領選挙の準備に専念するためといわれているが、筆者は議会証言のプレッシャーで体調を崩したのではないかと疑っている。あるいはこれから始まろうとするEメールスキャンダル（後述）への準備（証人喚問やFBI捜査への対応）だったのかもしれない。辞任にあたって、彼女はAP通信のインタビューを受けた。「ベンガジ事件が自身のキャリアの中で最悪だった」と悔やんでみせた。

辞任後も議会の調査は続いた。彼女にとって「不幸」だったのは前年（二〇一二）十一月の選挙で、オバマ大統領が再選に成功し、上院も与党民主党が制したものの、下院は野党共和党が多数派となったことであった（下院二三四対二〇一）。立ち上げられた各委員会はそれなりの調査結

レバノン海軍に捕獲されたリビアからシリアに向かっていた貨物船。大量の武器を積載していた（2012年4月）

果を発表し、外交官の安全対策強化の勧告で幕を閉じた。しかし、下院共和党は納得しなかった。「ベンガジの治安悪化にホワイトハウスは迅速で的確な対応ができなかった。今後はその反省を踏まえた対策をとる」というだけの単純な結論に不満だった。国務省の調査への非協力ぶりがあまりに露骨だったことにも、共和党は不信感を抱いていた。

二〇一四年五月、下院はベンガジ事件特別調査委員会を設置した。民主党は、党派性が強い調査になると抵抗したが、共和党が押し切った。同年八月、国務省は同委員会におよそ一万五〇〇〇頁に及ぶ国務省文書をしぶしぶ提出した。委員会が驚いたのは、その中にクリントン長官が送受信したEメール文書がわずか八通しかなかったことだった。[*1] さらに、彼女のメールは機密性が保たれた政府のサーバーではなく、

From: H <hrod17@clintonemail.com>
Sent: Tuesday, September 11, 2012 11:40 PM
To: 'millscd@state.gov'; 'sullivanjj@state.gov'; 'nulandvj@state.gov'
Subject: Re: Chris Smith

Ok.

----- Original Message -----
From: Mills, Cheryl D [mailto:MillsCD@state.gov]
Sent: Tuesday, September 11, 2012 11:38 PM
To: H; Sullivan, Jacob J <SullivanJJ@state.gov>; Nuland, Victoria J <nulandvj@state.gov>
Subject: RE: Chris Smith

We are awaiting formal confirmation from our team. We are drafting a statement while we wait.

-----Original Message-----
From: H [mailto:HDR22@clintonemail.com]
Sent: Tuesday, September 11, 2012 11:38 PM
To: Sullivan, Jacob J; Mills, Cheryl D; Nuland, Victoria J
Subject: Chris Smith

Cheryl told me the Libyans confirmed his death. Should we announce tonight or wait until morning?

2012年9月11日の事件当日、ヒラリーが側近に送ったメール。発信元が機密保護されている政府のサーバーでなくclintonemail.com（個人サーバー）であることに注意。内容は、クリストファー・スチーブンス大使が殺害されたとの確定情報を受け、それをいつ発表するか側近と協議したもの。交信人の一人は、ネオコン官僚ビクトリア・ヌーランド（北大西洋条約機構常任委員次席代表）である。ほかの二人はジェイク・サリバン（国務省政策企画部長）、シェリル・ミルズ（ヒラリーの側近：国務省参事官）。ヒラリーが、大使の名前をクリス・スミスと誤記していることにも注意。

プライベートサーバーを通じて送受信されていたことに気付いた。

ベンガジ事件に、あらたなファクター（疑惑）が加わった瞬間だった。ネオコン外交の失敗という視点だけでなく、ヒラリーの杜撰《ずさん》な情報管理、あるいはそれ以上に国家機密漏洩《ろうえい》の可能性が出てきたのである。特別調査委員会は、このとき、国務省の調査非協力の真の理由に気付いた。国務省は、長官がプライベートサーバーを使って仕事をしているのを知っていた。それが法に触れることもわかっていた。だからこそ、なんとか彼女の交信記録を隠したかったのである。

ヒラリーのプライベートサーバーを

使ったメールの存在は、二〇一三年三月には疑われていた。The Smoking Gun なるウェブサイトが、彼女とシドニー・ブルメンソールの交信が何者かにハッキングされていると報じていたのである。ブルメンソールは大手メールサービス会社ＡＯＬのアカウント（メルアド）を使っており、ヒラリーのメルアドが HDR22@clintonemail.com であることも報じられた。[*2] さらにネットニュースメディア Politico が、ハッカーに漏れたメールには、アメリカの外交機密が含まれているとも伝えていた（三月十五日）[*3]。しかし、この時点では、彼女が国務長官業務のすべてを、プライベートサーバーを使って行なっていたなどとは誰も知らなかった。

＊1：クリントン国務長官のプライベートサーバー使用と機密漏洩の発覚の経緯は以下に依った。
Ivona Iacob, Breaking Down Hillary Clinton's Private E Mail Scandal, Forbes, June 19, 2016
＊2：上院国土安全保障・政府問題委員会暫定報告書、February 7, 2018、ｐ5
＊3：Breanna Edwards, Report: Sidney Blumethal hacked, Politico, March 15, 2013

下院ベンガジ事件特別調査委員会最終報告書

二〇一四年九月十七日、特別調査委員会第一回公聴会が開かれた。第二回は十二月十日、第三回は翌一五年一月二十七日に開催された。最終報告書の発表は二〇一六年六月二十八日のことである。すでにヒラリー・クリントンが民主党大統領候補になることが確実視されていた時期である。実際、七月末の民主党全国大会で彼女は正式に候補に選出された。そうした事情もあって、メディアは、特別調査委員会報告について詳しく報じていない。最終報告書の要点は以下のとおりである。[*1]

一　スチーブンス大使はベンガジの建物（領事館と称されている）を恒久的なアメリカ政府施設にする思惑があった。クリントン国務長官は、二〇一二年十月にリビア訪問を予定していた。

二　事件発生の知らせがあっても、リビア周辺（地中海周辺）にいたアメリカ軍部隊は救出に動かなかった。

三　救出命令を想定し準備していたスペイン駐屯の海兵隊は、四度にわたって制服にあるいは民間服に着替えを繰り返した。ホワイトハウスは、軍服のアメリカ軍兵士を（民主政治が実現されたはずの）ベンガジに遣《や》ることを躊躇《ためら》った。

四　ホワイトハウスでの協議は（事件とは無関係な）反イスラムビデオ問題だった。

五　襲われたＣＩＡの建物からアメリカ人関係者を救出したのは、旧カダフィ政府軍に属する部隊だった。この事件以前はアメリカに反抗していた勢力であった。

六　クリントン長官は、公にはＹｏｕＴｕｂｅに流れた反イスラムのビデオを非難したが、非公式の場ではイスラム過激派の責任を語り、エジプト首相には、ビデオは無関係だと電話で説明していた。

七　ライス国連大使の行動（政治トークショーでの虚偽説明）は常軌《じょうき》を逸《いっ》していた。

二年間の調査をベースにした八〇〇頁にも及ぶ最終報告書だったが、歯切れの悪い結論だった。民主党はこれに喜んだ。とくにヒラリーを同党大統領選候補にすべく活動していた組織（ヒラリー選挙対策本部）は、歯切れの悪さを反撃材料にした。スポークスマンだったブライン・ファロンは次のように語った。

「調査委員会は二年間にわたって調査を続けた。費やされた税金は七〇〇万ドルにもなる。出された結論は、各種委員会の結論となんら変わらない。（中略）調査の狙いは、四人の死を利用して、オバマ政権を攻撃し、（大統領候補となる）ヒラリー・クリントンの評判を貶《おとし》めることにあった[*2]」

しかし、現実は単純ではなかった。この程度の結論しか出せなかったのは、オバマ政権が同委員会の調査を徹底的に妨害したからだった。国務省および司法省は、委員会の調査に非協力を決め込んだ。どちらの官庁にも、オバマ大統領による政治任用者が幹部として居座っていた。アメリカ諜報組織にもネオコン思想に染まった官僚が根を張っていた。ランド・ポール議員が提起した、リビアからシリアの反政府組織（ＩＳＩＳ）への武器横流し疑惑にかかわる情報は完全にシャットアウトした。関係者の聴き取りには、黙秘を貫かせた。ヒラリーのプライベートサーバー利用と外交機密漏洩疑惑にかかわる調査についても同じ態度であった。

委員長〈トレイ・ガウディ議員〈サウスカロライナ州共和党〉〉は、「民主党候補となるであろうヒラリー・クリントンにかかわる情報（疑惑）だけに、大統領選挙が本格化する前に、確実にわかっていることだけでも国民に知らせなくてはいけない」と考えた。彼は、報告書の内容が中途半端にならざるを得ないことを覚悟したうえで最終報告書とした。ガウディ委員長は報告書の最終章で忸怩《じくじ》たる思いを吐露《とろ》した。

「（調査当初は）国務省の対応の悪さはたんなる無能の証《あかし》のように思えたが、実際には意図的でかつ計画的な非協力だった。委員会は文書をもって繰り返し関連文書の提出を求めた。非公式ルートによる要請や証人喚問手続きなどでも事実を探ろうとしたが、ことごとく『牛歩作戦』で抵抗された。調査に反対する勢力（注：民主党のこと）に利するためであった[*3]」

リビアの反カダフィ組織にアメリカが武器を流していたとされる疑惑については、わずか一人の証人の聴取しかできなかった。幸いなことに、同時進行していた民間組織による調査（後述）には、国務省や情報関連省庁にいた人物が匿名で協力していた。複数のメディアも、「オバマ大統領は、リビアの反カダフィ勢力（アルカイダを含むイスラム過激派）へ武器を供給する秘密計画を承認していた。ヒラリー国務長官はその計画を支持していた」と報じていた。

報告書は、「委員会はこうした報道の真偽を確かめたかった。それができなかったのは国家安全保障会議（ＮＳＣ：National Security Council）が、ＣＩＡを含むすべての諜報関連組織に、委員会の質問に答えるなと指示していたからだ」と書いている。ヒラリーそしてその背後にある勢力が、捜査を妨げていたことは確実であった。ＮＳＣは、アメリカの外交政策および安全保障の最高意思決定機関である。調査委員会は、その厚い壁に立ち往生したまま調査を終えた。

＊1：Julian Hattem, Seven key findings in the Benghazi report, June 28, 2016
https://rendevouswithdestiny.blogspot.com/2016/06/seven-key-findings-in-benghazi-report.html

＊2、3：Rachael Bade, Final Benghazi report details administration failures, Politico, June 28, 2016
https://www.politico.com/story/2016/06/benghazi-report-obama-clinton-224854

諦めなかった民間政府監視グループと調査ジャーナリスト

ベンガジ事件特別調査委員会の調べがまだ続いていたころ、民間団体「ＪＷ」(Judicial Watch)や独立系ジャーナリストも同時並行的に、ヒラリー外交の本質に迫ろうとしていた。そのためには、彼女にかかわる公文書へのアクセスが必要であった。ＪＷは、情報公開法（ＦＯＩＡ：Freedom of Information Act）を駆使し、必要なら裁判に訴え、国務省や司法機関に情報公開を求め続けた。彼らが合法的に入手した資料で、ヒラリー・クリントンの「悪行」が次第にその輪郭を現した。

先に、下院ベンガジ事件特別調査委員会の情報開示要求に応えた国務省が同事件にかかわる文書一万五〇〇〇頁を提出したが、ヒラリー国務長官の文書はわずか八通だったと書いた。このころ、ＪＷも、ＦＯＩＡを駆使して、国務省に同事件にかかわるすべての文書の提出を求めていた。ＪＷは、国務省が彼らの要求に応えて公開した記録書類を精査した。ところが、そこにはヒラリー国務長官の送受信したＥメールがまったくなかった。あらためて、裁判所を通じて、情報公開を求めた。二〇一四年末、国務省はヒラリーと同事件のかかわりを示すEメールの存在を渋々認めた。十二月五日、ヒラリーは弁護士を通じて、個人サーバーに記録されていた、三万四九〇通のメールを国務省に提出した。その一方で三万一八三〇通は、公務とは関係ない私的なものだとして提出を拒んだ。仕分けをしたのはヒラリーの顧問弁護士だった。

国務省は、ヒラリーから受けたメールをすぐには公開しなかった。公開前に国家機密の有無を確認し、機密部分は、削除（黒塗り）しなくてはならないとの理屈である。ヒラリーの提供した資料は、法的には国家の所有物であった。彼女の個人サーバーに保存されていたデータは、「盗まれた」国有財産だった。本来ならばこれだけでもスキャンダルであった。

ＪＷの動きとは別に、調査ジャーナリストのジェイソン・レオポルドも動いていた。二〇一五年一月、彼も、ＦＯＩＡを使って、国務省にヒラリー・クリントンの送受信したすべてのEメールの公開を求める裁判を起こした。同年二月、国務省は、「ヒラリー関連の文書を新たに発見した。機密情報精査のために開示にはまだ時間がかかる」と弁明し、彼の要求にも牛歩戦術をとった。

ここまでの経過は国民にはほとんど知られていなかった。しかし、三月二日、大きな動きがあった。ニューヨークタイムズ紙が、「ヒラリー・クリントン、国務長官時代に個人サーバー利用、規則違反の疑い」[*1]と報じたのである。同紙は、「ヒラリーは、ニューヨーク州の自邸に専用の個人サーバーを設置し、国務省専用の機密保護された（暗号化された）サーバーを使わなかった」と伝えた。こうして「ヒラリーのEメールスキャンダル」の幕が開いた。

個人サーバーは、二〇〇九年一月末（長官就任直前）に設置され、彼女は、以後ずっとこのサーバーを通じて送受信を続けていた。九八頁の写真からもわかるように、アドレスはHDR22@clintonemail.comであった。国務省が、議会の調査にも、JWやジャーナリストらからの情報開示請求にも異常に消極的だったのはこれが理由だった。国務省には、ヒラリーの送受信記録が保存されていなかった。彼女からの提供がないかぎり、議会やFOIAに基づく請求に応えようがなかったのである。

メディアは、ヒラリーの個人サーバー利用をホワイトハウスや国務省高官が知らないはずはないと疑った。まず疑われたのはオバマ大統領であった。政権ナンバーツーの国務長官の個人サーバー利用に大統領が気付かないはずがない。ニューヨークタイムズ紙の報道の五日後（三月七日）、CBSニュースのビル・プランテ記者は大統領にインタビューし、いつ彼女の個人サーバー利用の事実を知ったかと問うた。「皆さんと同じ時期だ」。これがオバマの答えであった。

この「嘘」は直ちに「修正」された。二日後の九日、ホワイトハウス報道官（ジョシュ・アーネスト）は、「大統領は、彼女のメールアドレスを知っていました。ただ大統領は、彼女（ヒラリー）がすべての仕事にこのアドレスを使っていたとは知らなかったのです」と釈明した。[*2] しかし、オバマ大統領は、後のFBIの調査（後述）によって、偽名を使ってヒラリーと交信していたことが明らかになった。大統領自身が犯罪性を意識していたのである。

国務省には、ヒラリーが国務長官に就任する際、機密情報の取り扱いを指導する法律上の義務があった。連邦法や大統領令でそうすることが決められていた。ＪＷは指導記録を求めたが、国務省にはそれがなかった。[*3]

＊１：Michael S.Schmidt, Hillary Clinton used personal Email account at State Dept., possibly brealing rules, N.Y.Times, March 2, 2015

＊２：上院国土安全保障・政府問題委員会暫定報告書、二〇一八年二月七日、五〜六頁
https://www.hsgac.senate.gov/imo/media/doc/2018-02-07%20Interim%20Report_The%20Clinton%20Email%20Scandal%20and%20the%20FBI's%20Investigation%20of%20It.pd

＊３：Judicial Watch Special Report, Hillary Clinton's Continuing Email Scandal, August 2016, p5
http://www.judicialwatch.org/wp-content/uploads/2016/08/Hillary-Clintons-continuing-email-scandal-PDF-revised.pdf

「商売」としてのヒラリー外交　その一

アフリカ利権

ヒラリーが、個人サーバーの利用に拘《こだわ》ったのは、交信記録は国家財産として保存され、後に公開されるからである。彼女と夫ビルは、クリントン財団（一九九七年設立）なる「チャリティー」組織を設立して、多くの「支援者」から寄付を募っていた。運営は元大統領と娘のチェルシーが担っていた。表向きは、国際慈善事業の推進であったが、運営コストの割合が高く、関係者も異常な高給を貪《むさぼ》っていた。二〇一四年度の数字は収入総額一億七七八〇万ドルに対し、チャリティー事業に支出されたのはわずか五一六万ドルだった。一ドルの寄付に対して、真の事業には三セントの支出だったことになる。[*1] クリントン財団には外国の企業や要人から巨額の寄付があった。国務長官として（あるいはその前の上院議員）の外交方針が、彼らの利益になったからだった。

クリントン財団の「詐欺的」スキームは、調査ジャーナリストであるピーター・シュワイザーの著した『クリントン・キャッシュ』（二〇一五年）[*2] により露見した。同書は、ヒラリーEメール

クリントン夫妻の詐欺的事業を暴いた
『クリントン・キャッシュ』（2015年5月）

スキャンダルのさなかに出版されただけに大きな反響を呼んだ。ヒラリーの外交によって受益する勢力が、巨額な寄付をクリントン財団に行なっていたことを暴いていた。

同財団のやり口が典型的に現れたのは、コンゴ民主共和国における鉱山開発案件だった。同国では、ツチ族とフツ族の民族対立に、資源をめぐる思惑が重なり、激しい内戦が起きていた（一九九八年）。周辺諸国をも巻き込んだ激しい戦いだったが、二〇〇三年に暫定《ざんてい》政府ができ、表向きは休戦となった。しかし、反政府勢力との戦いは止んでおらず、多くの難民が発生した。虐殺、飢饉、疫病で百万人単位の国民が死んだ。政権に圧力をかけ、少しでも民主主義的な政府の実現を願ったアメリカ議会は、「コンゴ民主共和国救済・安全保障・民主化法」を成立させた（二〇〇六年十二月）。当時上院議員であったヒラリーは同法を推進した一人だった。

同法第一〇四条b項は次のように規定していた。

「コンゴ民主共和国が、民主化に向けて十分な進捗を見せない場合は、（国務）長官は、同国への支援を止めることができる」[*3]

この規定に危機感をもったのは、同国で鉱山開発事業を進めていたスウェーデン系カナダ人投資家ルーカス・ランディンだった。彼の父親アドルフは、カナダ、バンクーバーで起業（ランディン・グループ）し、典型的なアフリカ型の独裁者であったモブツ・セセ・セコ大統領との親交をもった（一九九六年）。アドルフは、コンゴ国内のマルクス主義系軍閥の首魁《しゆかい》ローレン・カビラ（Laurent Kabila）にも総額二億五〇〇〇万ドルを供与した。彼の同国内での採掘事業は盤石だった。[*4]

息子のルーカスも父の人脈を利用し、同国資源開発で巨万の富を築いていた。二〇一七年の個人財産総額は二四億ドルと報じられている。[*5]ランディン・グループは、コンゴの他にスーダンの石油開発にも関与しており、その過程での政権買収行為が問題視されていた。ルーカスは、コンゴへの経済制裁を嫌った。彼はクリントン財団へ一億ドルの寄付（二〇〇七年）を決めた。この鼻薬《はなぐすり》は効いた。

「ヒラリーが国務長官に就任すると、彼女は『コンゴ民主共和国救済・安全保障・民主化法』に規定されている同国の民主化をいっさい進めなかった。わずか数年前、つまりランディンの巨額寄付がある前までは、同国の民主化を強く訴えていたのに、である」[*6]

＊1：Chana Roberts, How Much does the Clinton Foundation really donate to charity?, Arutz Sheva, June 21, 2017

＊2：Peter Schweizer, Clinton Cash, Harper, 2015

＊3：S. 2125 (109th): Democratic Republic of the Congo Relief, Security, and Democracy Promotion Act of 20, SEC. 104. ACCOUNTABILITY FOR THE GOVERNMENT OF THE DEMOCRATIC REPUBLIC OF THE CONGO.

＊4：Richard Pollock, Clinton Foudation got $100M from, Blood Minerals' Firm, Daily Caller, May 24, 2016

＊5：Lauren Fazackarley, Who are the Richest Canadians?, Hyperactivz, September 4, 2017

＊6：Ben Shapiro, 5 'Clinton Cash' Revelations That Have Leftists Steaming, Breitbart, May 11, 2015

「商売」としてのヒラリー外交　その二

通信インフラ・熱帯雨林伐採・ウラニウム利権

クリントン財団への「善意」の寄付はアメリカ外交の買収であった。前節でも書いたように、アメリカ政府の外交政策は国際企業の業績を大きく左右する。イランで通信インフラ事業を進めていたエリクソン社（スウェーデン）も、同国の核兵器開発疑惑による経済制裁を回避したかった。同社もランディン・グループ同様に「迂回《うかい》買収」を考えた。それが、ビル・クリントンに対する講演依頼であった。

二〇一一年六月、国務省は対イラン経済制裁拡大のため、あらたな制裁品目のリストアップを始めた。通信機器も制裁対象に挙がっていた。同年十一月十二日、ビル・クリントンは、香港で開催されていた通信機器業界の会合で、「通信技術の発展が人類に及ぼすポジティブな影響について」と題して講演した。九十分ばかりのスピーチにエリクソン社が用意した講演料は七五万ドルであった。翌一二年四月、オバマ政権は対イラン拡大経済制裁計画を発表した。エリクソン社がかかわる事業は外れていた。[*1]

上記の例は先端技術分野での案件だったが、クリントン夫婦が、ビジネスの口利きを図る場合、資源開発案件が多かった。資源開発の舞台は開発途上国がほとんどであり、人治の世界である。ビルの友人の一人にフランク・ジウストラがいた。彼もカナダバンクーバーで起業し、鉱山開発で財を成した。

ジウストラとビルがコロンビアの首都ボゴタを訪問したのは、二〇一〇年六月九日のことである。同時期に、ヒラリーも国務長官として同地を訪問していた。彼女は、「たんなる嬉しい偶然」と同行の記者に笑顔で語った。ビルとフランクの二人が大統領アルバロ・ウリベと朝食をともにした同じ日に、ヒラリーも大統領とのランチミーティングに臨んだ。ヒラリーのコロンビア訪問の公式目的は、麻薬密売組織撲滅のための協議であった。一方のビルの訪問は、この年初めにハイチで起きた大地震救済支援金募集（クリントン財団）のためであった。しかし、ビルは妻ヒラリーの公式訪問を利用して、ジウストラの事業展開の口利きにやってきたのではなかったかと疑われている。

実際、コロンビア政府は二人の訪問後すぐに、鉱山開発権および熱帯雨林伐採権を、ジウストラの所有する複数の会社に与えていた。その一つであるプリマ・コロンビア・ハードウッド社は、同国太平洋岸の熱帯雨林伐採権を得た。伐採された木材はすべて中国市場に輸出された。森林保護を訴えてきたヒラリーは、夫の友人による熱帯雨林「破壊」には、口を噤《つぐ》んだ（『クリントン・キャッシュ』）。しかし、コロンビアでの利権「斡旋《あっせん》」は、カナダの鉱山会社ウラニウムワン社を巡る利益供与疑惑と比べたら「かわいい」ものだった。アメリカのエネルギー安全保障政策の根幹を揺るがしかねない大型疑惑だった。

二〇〇五年九月六日、ビル・クリントンは旧ソビエト連邦の一つカザフスタンを訪れた。訪問目的は、同国に「蔓延する」エイズに対する防疫であった。患者に廉価でエイズ薬を提供するクリントン財団がらみの仕事とされた。ジウストラは、彼の訪問にプライベートジェットを提供した[*2]。奇妙なことに、このころのカザフスタン（人口一五四〇万人）のエイズ患者はわずか一五〇〇人ほどだった。財団トップのビル・クリントンが足を運ぶほどの「エイズ危機」はどこにもなかった。

ジウストラはビルに提供したジェット機に同乗し、自らもカザフスタンに乗り込んだ。カザフスタンは鉱物資源の宝庫だった。とくにウラン鉱石は豊富で世界埋蔵量の一二％がこの国に眠っていた。ビルがエイズ患者救済スキームを話し合っているころ、ジウストラは、同国のウラン開発関係者と交渉していた。二人がカザフスタンに入った二日目の九月八日、同国の原子力エネルギー管轄機関カザアトムプロム（Kazatomprom）は、ウラン採掘権をユーラジア・エネルギー社なる鉱山会社に与えると決めた。同社のオーナーはジウストラであった。年が明けた〇六年二月、クリントン財団にジウストラから三一三〇万ドルの献金があった。

二〇〇七年二月、カザアトムプロムの長官（Mukhtar Dzhkishev）は、ビル・クリントンのニューヨークの私邸を訪れ何事かを話し込んだ。ユーラジア・エネルギー社が、ウラニウムワン社に三一億ドルで買収されたのはこの月のことであるが、後のことであるが、長官はヒラリー・クリントン（この時期にはまだ上院議員）から圧力がかかっており、ウラン鉱採掘権をジウストラに譲るよう強く求められたと証言している。暫くすると、ウラニウムワン社会長イアン・テルファーから二三〇〇万ドルがクリントン財団に寄付された。[*3] ジウストラがこの買収を通じて莫大な利益を享受したことは明らかだった。彼からも、最終的に一億四五〇〇万ドルがクリントン財団に寄付されている。[*4]

ウラニウムワン社を巡る疑惑はここで終わらなかった。ウラジミール・プーチンが登場したのである。ユーラジア・エネルギー社を買収しカザフスタンのウラン資源開発権を手中にしたウラニウムワン社は、アメリカ国内のウラン鉱山にも触手を伸ばした。二〇〇七年六月から二〇〇八年六月にかけてワイオミング州、ユタ州、コロラド州などの鉱山開発権を取得し、アメリカのウラン生産量の二〇％を支配するまでになった。

プーチン大統領が、ロシア原子力庁を改組し、国営企業ロスアトムを立ち上げたのはこのころだった（二〇〇七年十二月）。ソビエトのエネルギー産業は、ソビエト崩壊後、西側資本と組んだオリガルヒ（新興財閥）に支配されていた。プーチンは自身の意に沿わないオリガルヒを排除し、エネルギー利権を国営企業に取り戻させていた。プーチンは、ロシアの将来はその膨大なエネルギー資源（石油、天然ガス、ウランなど）にかかっていると確信し、超長期スパンで世界のエネルギー市場を牛耳る戦略をもっている。具体的なエネルギー戦略は、バンクーバー出身の投資アナリストであるマリン・カッサが著した『コールダー・ウォー』（翻訳は筆者）[*5]に詳しい。

二〇〇九年六月、ロスアトムはウラニウムワン社の株式一七％を取得した。翌一〇年六月八日、ウラニウムワン社は五一％以上の株をＡＲＺ社に譲渡する声明を出した。ＡＲＺ社はロスアトムの子会社だった。

アメリカは、外国資本によるアメリカ国内投資案件については対米外国投資委員会（ＣＦＩＵＳ）に監視させている。ＡＲＺ社による買収もＣＦＩＵＳの認可が必要であった。ＣＦＩＵＳは、省庁横断的な組織であり、国務長官も委員の一人だった。いうまでもなく、この時期の長官はヒラリー・クリントンだった。

ロシアにもクリントン夫妻籠絡《ろうらく》プランがあった。ＡＲＺ社による買収が発表された二〇一〇年六月、ビル・クリントンはモスクワにいた。ロシア投資銀行ルネサンス・キャピタルの招きによる講演旅行だった。九十分のスピーチの「ギャラ」は五〇万ドルであった。講演を終えたビルに一本の電話が入った。当時は大統領ではなく首相の座に降りていたプーチンからの感謝のメッセージであった（ロイター電）。

ウラニウムワン社は、ＡＲＺ社による買収認可を受けるために、ワシントンのロビイストを使った工作も仕掛けていた。ワシントン上下院議員、ＮＳＣメンバー、あるいは採掘規制官庁である国立公園局などに対する工作を委ねられたのは、ポデスタグループなるロビイスト企業だった。一九九八年から二〇〇一年までクリントン大統領の首席補佐官を務めたジョン・ポデスタの会社だった。ポデスタは、二〇一六年の大統領選挙ではヒラリー・クリントン選挙陣営の最高責任者となる人物である。二〇一三年、CFIUSはARZ社による買収を認可した。

クリントン財団を利用した「迂回買収」スキームは、『クリントン・キャッシュ』によって暴かれた。ヒラリーが、国務省のサーバーを使わなかったのは、同財団への便宜供与が疑われるようなメールを隠したかったからだと考えられている。アメリカ国内では、この疑惑はそれなりの注目を浴びた。しかし、主要メディアのほとんどが深追いしなかった。「すべてが偶然の一致。便宜を図った証拠は一つもない」と平然とするヒラリーの前に黙り込んだ。

＊1：Michael P. Leahy, Clinton Foundation Hiding Names of Secret Foreign Donors to Its Shell Charity in Sweden
＊2：ウラニウムワン社を巡る疑惑の経緯については「Understanding the Uranium One"Scandal"」（Canada Free Press）に依った。
https://canadafreepress.com/article/understanding-the-uranium-one-scandal
＊3：Roger Stone, The Uranium One Treason, American for Innovation, December 22, 2017
＊4：Understanding the Uranium One"Scandal"
＊5：マリン・カツサ、『コールダー・ウォー』草思社、二〇一五年

ヒラリー外交を真似たジョー・バイデン副大統領

多くの読者が、ここまでの記述に十分に驚いたに違いない。米国主要メディアもそうだが、日本のメディアも、ここに書いた事件をほとんど紹介していない。筆者は、オバマ政権幹部やアメリカの政治をがっちりと握っているネオコン系官僚にメディアが「忖度《そんたく》」したと疑っている。

ヒラリーが、国務省サーバーを使っていなかったことはオバマ大統領も知っていた。オバマ政権の幹部も利益誘導型ヒラリー外交をわかっていた。それでも口を噤んだのはなぜなのか。それは、彼らの中にもヒラリーと同様の手法で私腹を肥やしている者がいたからだった。その筆頭が、ジョー・バイデン副大統領であった。

バイデン副大統領の「悪事」を明らかにしたのも、『クリントン・キャッシュ』を著したピーター・シュワイザーだった。二〇一八年、彼は、利益誘導型外交は彼女だけが行なっていたのではなく、オバマ政権そのものがそのような体質であったと暴露する『シークレット・エンパイア』[*1]を上梓《じょうし》した。そこには目を覆いたくなるようなジョー・バイデン副大統領やジョン・ケリー国務長官（ヒラリーの後任）らオバマ政権幹部の「悪行」が暴露されていた。
二〇一三年は、中国海軍の東・南支那海での横暴が目立ち始めた時期であった。このころの緊迫を、日本の「防衛白書」（平成30年版）は次のように書いている。

「13（平成25）年11月23日、中国政府は、尖閣諸島をあたかも『中国の領土』であるかのような形で含む『東シナ海防空識別区』を設定し、当該空域を飛行する航空機に対し中国国防部の定める規則を強制し、これに従わない場合は中国軍による『防御的緊急措置』をとる旨発表した。こうした措置は、東シナ海における現状を一方的に変更し、事態をエスカレートさせ、不測の事態を招きかねない非常に危険なものであり、わが国としては強く懸念している。また、上空飛行の自由の原則を不当に侵害するものであり、わが国は中国に対し、上空飛行の自由の原則に反するような一切の措置の撤回を求めている。アメリカ、韓国、オーストラリア及び欧州連合（EU：European Union）も、中国による当該防空識別区設定に関して懸念を表明した」（平成30年「防衛白書[*2]」）

白書にもあるように、アメリカも不快感をもった。中国の強引な外交に釘を刺すためにジョー・バイデン副大統領はエアーフォース・ツー（副大統領専用機）を駆って極東にやってきた。
二〇一三年十二月二日夜、東京に入ったバイデンは、翌日には首相官邸で安倍晋三首相と協議し

エアーフォース・ツーで北京に入ったジョー・バイデン副大統領（息子ハンターと孫娘フィネガンも同行した）

た。

四日、北京に入ったバイデン一行を、中国政府は文字どおりレッドカーペットで迎えた。バイデン副大統領の北京入りは、中国に苦情を呈《てい》し、その威圧的な軍の行動を抑制させるためだと理解されていた。重苦しい空気の訪問になると思われたが、現実はまるで違った。中国はバイデンがパンダハガー（中国好きの政治家）であることを知っていた。エアーフォース・ツーに、息子のハンター、そして孫娘のフィネガンまでをも乗せ、同行させていた。

副大統領の中国側のカウンターパートはナンバーツーの李源朝（中国共産党副主席）のはずだった。しかし、バイデンは習近平（国家主席）と五時間半にわたって話し込んだ。アメリカの高官は、米中間の「あらゆる案件（every single topic）」を協議できたと自慢した。バイデンは二〇一一年八月にも北京を訪問していた。四日間の滞在中、当時はまだ副主席であった習近平と米中経済協力をテーマに話し合っていた。二人は良く知った仲だった。結局、バイデンの二〇一三年の北京入りでは、中国外交の是正はできなかった。

「(防空識別問題について)不測の事態が起きないように十分な注意を促したに過ぎなかった。アメリカは、民間航空機については、中国の規制に従うことを容認した。これには日本も落胆した[*3]」

それでは一体何を話し合ったのか。それを「窺《うかが》わせる事件」が、副大統領一行の帰国後十日目に起きた。投資ファンド会社ローズモント・セネカ・パートナーズと中国銀行が、新投資会社ボハイ(渤海)・ハーベストを設立することがわかったのである。中国銀行が同社に運用を任せる資金は一五億ドルであった。ローズモント・セネカ・パートナーズはハンター・バイデンが経営する投資ファンドであった。ファンド運営にはプライベート・エクイティ・ファイナンスの高度な知識が必要であったが、ハンターにはそれが欠けていた。もちろん中国経済に詳しい訳でもなかった。それでも中国銀行は彼に「期待」した。

中国政府にとって、このディールは一石二鳥だった。ローズモント・セネカ・パートナーズの経営陣には、クリス・ハインツもいたからである。ジョン・ケリー国務長官の娘婿だった。要するに中国は、ボハイ・ハーベストの設立によって、副大統領と国務長官の親族に巨額なコミッションを生むスキームを作り上げたのである。バイデン副大統領は、ヒラリー・クリントンが得意にしていた「迂回買収」外交を見事に真似ていた。

上述のピーター・シュワイザーは、著作だけでなく新聞にも寄稿し、オバマ政権の二人の幹部を批判した（ケリーとバイデンの子どもたちが経営する怪しい投資会社の内幕、ニューヨーク・ポスト紙、二〇一八年三月十五日付）[*4]。オバマ民主党政権は、金儲けのための外交を平気で行なう政治家の集団であった。ジョー・バイデンは、二〇二〇年の大統領選挙戦では、民主党の有力候補の一人である（二〇一九年十二月現在）。

＊1：Peter Schweizer, Secret Empire, Harper, 2018
＊2：平成30年版「防衛白書」：第一部第三章第三節「海洋をめぐる動向」一九〇頁
https://www.mod.go.jp/j/publication/wp/wp2018/pdf/30010303.pdf
＊3：Secret Empire, p31
＊4：Inside the shady private equity firm run by Kerry and Biden's kids
https://nypost.com/2018/03/15/inside-the-shady-private-equity-firm-run-by-kerry-and-bidens-kids/

第4章

二〇一六年大統領選挙

アウトサイダー、ドナルド・トランプの登場

ヒラリー・クリントン
アイデンティティ・リベラリズムの象徴　その一

二〇一六年七月二十六日、民主党は同年十一月の大統領選候補にヒラリー・クリントンを正式指名した。本書でこれまでに明らかにした疑惑の数々を知っている読者にとっては、なぜ民主党が彼女を選択したのかいぶかしく思うに違いない。その原因は、メディアにあった。

ＣＮＮを筆頭にした米国主要メディアは、ネオコン系資本の支配下にあり、リベラル国際主義（干渉主義）を絶対善とする論陣を張った。彼らは、ヒラリーの疑惑をほとんど報じないか、報じても矮小化《わいしょう》した。クリントン財団を利用した利益誘導外交は、本来であれば政権を揺るがす大スキャンダルであった。しかし、メディアはこの問題を深追いせず、次期大統領はヒラリーになると報道した。メディアの偏向については後述するが、そもそも民主党はなぜスキャンダルを抱えるヒラリーを選出したのだろうか。

民主党は、十九世紀半ばの時代、人種差別的政党であった。民主党の基盤は、南部白人層つまりコットン・プランテーション経営（奴隷労働経営）者層にあった。一八六一年に始まった南北戦争は、北部の商工業者層の支持を受けた共和党リンカーン政権に対して、南部民主党に率いられた南部連合が離脱したことから始まった。南部連合は戦いに敗れ奴隷解放に応じたが、南部諸州の政治は、民主党が牛耳ったままであった。彼らは、南部白人の結束を訴え（ソリッド・サウス政策）、黒人隔離政策を推進した（ここでは当時の空気を正確に記すために、政治的用語であるアフリカ系とせずあえて黒人と表記する）。交通機関、トイレ、食堂なども肌の色で隔離する法律を次々と導入した。黒人に対するリンチも止まなかった。これらは州の独自の権限（州権）に基づく州法であったため、連邦政府は口出しできなかった。黒人隔離（差別）の諸法律はジム・クロウ法と総称され、第二次大戦後も続いた。これが廃止されたのは一九六四年のことである。[*1]

戦後になると、民主党の主たる支持層であった南部白人層が相対的に豊かになった。豊かさが人種差別意識を希釈した。支持基盤の喪失を怖れた民主党は、「弱者のための政党」へカメレオン的変身を企てた。かつて、黒人を激しく嫌悪し、隔離政策をリードした首謀者でありながら、当時は国全体が人種差別的であった、と言い逃れをし、責任を他者に押し付けた。民主党の責任については洞ヶ峠《ほらがとうげ》を決め込んだ。

弱者はどこにでもいた。かつて自らが差別していた黒人層、西部開拓の過程で白人に姦計《かんけい》を弄《ろう》され居住地を追われた原住インディアン、遅れてアメリカにやってきて嫌われたアジア系・ラテン系・東欧系移民、宗教的に阻害されてきたユダヤ系移民、職場でパワハラやセクハラを感じている女性層、性的嗜好マイノリティ層（ＬＧＢＴ）。探せばどこにでもいた。

相対的弱者とされる層が必ずしも弱者と自覚しているわけではない。したがって、彼らを「票の成る木」に変えるには、「弱者であることを能動的に意識」させなくてはならない。その上で、強者（国家あるいはエスタブリッシュメント白人層）への怒りを煽《あお》る。いかなる国にも誇れない過去がある。理不尽であった過去の振る舞いは、先人たちの努力で十分とはいえないまでも矯正がなされてきた。しかし権力を奪取したい、あるいは維持したい民主党にとっては、矯正の歴史はどうでもよいことであった。対立、いがみ合い、非妥協の継続。それが票になった。

民主党は、ターゲットとした弱者層に、「失われた」権利を回復しなくてはならないと訴えた。弱者であることを意識させることは難しくない。ほとんどのケースで、外見だけで弱者に所属していると自認できた。所属するグループ（黒人、移民、少数民族、女性など）を見渡せば、容易にわかった。この思想ともいえない権力を摑むための主張（戦術）が、アイデンティティ・リベラリズム（ＩＬ：Identity Liberalism）である。

ＩＬの考え方の延長上が「多様化礼賛」だった。いわゆる「多文化共生思想」である。社会的弱者に優しくすべきだという主張は美しい。社会的優位にあった白人エスタブリッシュメントも白人中間層もその訴えに同意した。こうして弱者救済に政治が積極的にかかわるべきだとする運動（アファーマティブ・アクション〈積極的差別撤廃措置〉）が始まった。この言葉を初めて使ったのはジョン・Ｆ・ケネディ大統領（民主党）だった。大統領令一〇九二五号（一九六一年三月）は、求職の際に、人種（肌の色）、宗教的信条、出身国などによって差別されてはならないと規定した。そうした行動を雇用者が積極的にとるよう勧告した。それがアファーマティブ・アクションであった。

次のリンドン・ジョンソン大統領（民主党）もこの施策を引き継いだ。ただ二人の主張は、「競争は弱者を差別することなくフェアに行なわれるべきだ」と勧奨するにとどまっていた。[*2]

この主張に、法的拘束力をもたせたのはジョンソンに続いたリチャード・ニクソン大統領（共和党）だった。ニクソンは悪い意味で人種を強く意識した政治家だった。彼は、人種間には自然科学的な違いがあると信じていた。ユダヤ人は創造力に富むが倫理観に欠ける、黒人は白人よりIQは低いが身体能力は高い、アジア人は勤勉でなかなか頭が良い、などという「科学的」な決めつけが得意だった。

ニクソンが人種差別的信条をもっていたことは間違いなかったが、皮肉にも、その彼が、大統領令一一四七八号を発し、アファーマティブ・アクションに法的強制力をもたせた（一九六九年八月）。これにより、雇用均等委員会（一九六五年設置）が、政府および連邦政府資金で運営される組織全般（大学や研究機関など）の職員採用に少数派（主として黒人）を積極的に採用させる監視機関となった。その結果、一九七〇年代初めになると、黒人男子大卒者の五七％、女子の七二％が公務員となった。

アファーマティブ・アクションは次第に拡大され、政府の下請け業務の受注においても、マイノリティの経営する会社が入札なしで優先的に選ばれる制度（Set-aside）も生まれた。こうしてマイノリティ利権が制度的に確立していった。マイノリティの定義は当初想定していた黒人層から、女性、原住インディアン、あるいは遅れてきた移民層にまで拡大された。マイノリティに属していることが採用に有利になった。これが少数派利権の始まりだった。

人種差別主義者であったニクソンがアファーマティブ・アクションを促進したのには訳があった。黒人隔離（差別）のジム・クロウ法が廃止されたのは一九六四年だと書いた。六〇年代は黒人公民権運動が吹き荒れた時代だった。一九六九年に大統領に就任したニクソンは、外交に専念したかった。「騒いでいる」黒人活動家の憤りを「ガス抜き」することで内政を落ち着かせたかった。それが、強制力をもたせたアファーマティブ・アクション導入の背景だった。

＊1：民主党の人種差別的性格については拙論「共和党対民主党」（『世界史の新常識』文春新書、2019、二三五～二五〇頁）に詳述した。

＊2：アファーマティブ・アクションの歴史については以下の論文に依った。Tanner Colby, Affirmative Action: It's time for liberals to admit it isn't working, Slate, February 10, 2014

ヒラリー・クリントン

アイデンティティ・リベラリズムの象徴　その二

一九七四年、ニクソンがウォーターゲート事件で失脚し、ジェラルド・フォード大統領（共和党）に代わったが、アファーマティブ・アクション強化の動きは止まらなかった。一九七七年には、労働省に連邦政府契約遵守プログラム室（ＯＦＣＣＰ：Office of Federal Contract Compliance Programs）が設置され、五〇人以上の従業員をもち連邦政府との間で五万ドル以上の契約を結んでいる企業は、アファーマティブ・アクションの実績を報告することが義務付けられた。

歴史教育にも大きな変化が起きた。従来の学校教育（とくに初等中等教育課程）では、国家の恥の部分はあえて捨象《しゃしょう》し、虹の歴史（渡部昇一氏）を教えてきた。そうすることで少年少女に自国に誇りをもたせ、「国民意識」を醸成《じょうせい》させた。自国の恥の歴史については高等教育課程で学べばよいという常識があった。ところが、アファーマティブ・アクションの法制化で、そうした「王道の歴史教育」が否定され、虐《しいた》げられた弱者の視点からの歴史を子どものころから教えても構わないという考えに変わった。「国民意識醸成のための歴史教育」は、あたかも多文化共生思想を否定する悪の所業になった。学校教育における歴史は「虹の歴史」から「泥の歴史」に変質した。政治学者マーク・リラは次のように書いている。

「高校の歴史教育に、アイデンティティをベースにした歴史解釈を持ち込んだ。その結果、歴史の本質的な流れや個人（偉人）の業績が歪められた。たとえば女性の権利獲得の歴史である。これ自体は重要な歴史ではあるが、それを教える前に、わが国には建国の父たちがおり、（たとえ彼らに多くの欠点があったとしても）基本的人権の保障を基礎にした政治制度を作り上げてきた立派な歴史を教えなくてはならない[*1]」

「泥の歴史」教育をすれば国は愛する対象ではなくなり、弱い者を虐《いじ》めてきた嫌悪の対象となる。学校教育では弱者を丁寧に扱う多文化共生が絶対善となった。それに反発する意見は「政治的に正しくない」とされ発言を封じられた。「ポリティカル・コレクトネス（政治的正義）」は、リベラル層には便利な言論弾圧の道具と化した。二〇〇八年の民主党大統領候補予備選挙は、そうした教育で育ったリベラル層にとって夢の戦いだった。候補の座をバラク・フセイン・オバマとヒラリー・クリントンの二人の上院議員が争った。どちらもかつて弱者だった黒人層と女性層の代表である。オバマがその座をものにしたが、リベラル層にすればどちらが候補になっても構いはしなかった。

シカゴ出身の新米上院議員であったオバマが、これといった実績もなく民主党の大統領候補になれたのは、民主党のアイデンティティ・ポリティクスが花開いた時期に重なったからだった。「神輿《みこし》を担ぐ」には格好の政治家だった。

二年前（二〇〇六年）の中間選挙以来、民主党には追い風が吹いていた。上院では五五対四四の少数派だったものが四九対四九と互角になった。下院では二三二対二〇二の劣勢を二〇二対二三三に逆転した。したがって、民主党候補者になることはそのまま大統領になることを意味した。

民主党がオバマを代表に選んだのは、やはりアメリカの弱者代表の座はまずは黒人系でなくてはならないという判断があったのであろう。女性代表は次の選挙に用意しておけばよかった。二〇〇八年十一月、オバマは予想どおり共和党候補ジョン・マケインを圧倒（選挙人数三六五対一七三）し、第四四代大統領となった。

大統領職をめざす野心家オバマの背中を押したのはシカゴの法律家ウィリアム・デイリーだった。資金力のない新米上院議員に「心配するな」と安心させ、選挙資金を用立てた。[*2]デイリー一族（アイルランド系）はシカゴの政治を長きにわたって牛耳っていた。シカゴは禁酒法時代にアル・カポネが君臨した歴史があるように、政治腐敗はこの町の伝統であった。ウィリアムの父リチャード（一九〇二年生）は、一九五五年から七六年までシカゴ市長を務めた。長男のリチャード（同名）も八九年から二〇一一年まで市長であった。親族が君臨するシカゴで企業法務事務所

（ロビイスト）を開いたのがリチャードの弟ウィリアムだった。デイリー家は代々民主党員であり、一九九六年の大統領選挙では、ビル・クリントンの再選を一族で支援した。ウィリアムはその論功行賞で、商務長官に就いた。

彼は商務長官という立場でありながら、アメリカ企業の海外進出よりも、むしろ外国企業のアメリカ進出に積極的であった。長官就任前の九五年には、民営化されたばかりのドイツテレコム社のアメリカ市場参入に尽力し、五〇〇万ドルの報酬を得た。メキシコ・カナダとの自由貿易協定NAFTA（一九九四年）を承認させるため、議会工作を行なったのも彼であり、顧客のメキシコ金融機関の便宜も図った。[*3]

オバマは、外国企業のロビイストだった人物に推されて大統領に上り詰めた政治家だった。当選すると、ウィリアムを大統領首席補佐官に抜擢した。オバマ政権では、外国企業に奉仕することを生業《なりわい》にしてきたロビイストが幅を利かせていた。だからこそ、ヒラリーの利益誘導型外交にも鈍感だったのである。

オバマ大統領は、肌の色からすれば弱者であったが、その政治の本質は強者に寄り添ったものだった。メディアは相変わらず「弱者代表」のオバマには甘い報道を続けていたが、実績は伴っていなかった。次頁の図の数字がそれを如実に示している。[*4] オバマを支持した黒人層の生活水準は一向に上向かず、むしろ低下していた。

政権別黒人失業率の比較

	黒人失業率 最悪年	黒人失業率 最良年
ジョージ・ブッシュ政権	2008 年 12 月 12.1%	2007 年 8 月 7.7%
バラク・オバマ政権	2011 年 3 月 16.8%	2015 年 6 月 9.5%

黒人貧困層の割合もオバマ政権では増加した。ブッシュ政権最終年には二五%だったものが二〇一三年には二八%に増加していた。貧困層とは、最低生活水準が維持できる収入に満たない層である。[*5]リベラルメディアは、オバマ政権の後期になるとこうした数字を隠さず報道することが増えたが、失敗の原因を外部要因に求めた。悪かったのはオバマではなく外部環境であると分析してみせた。

しかし、オバマの「We can change」に熱狂した黒人層の中には、オバマ政権に幻滅するものも出始めた。オバマにもっとも期待したのは彼の出身地であるシカゴ市サウスサイドの黒人住民だったろう。犯罪率が極端に高い貧困地区であった。住民はオバマ大統領は自身の暮らした町の安全回復にはとくに強い関心を示してくれるはずだと期待した。しかし、そうはならなかった。政権最後の年となる二〇一六年になってもいささかの改善も見られなかった。この年の殺人事件の被害者数は七六二人となり、前年の四九六人から大きく増加していた。被害者の多くは黒人男性で、銃で撃たれて死んでいた。[*6]

「僕らは任期を終えた彼（オバマ）にご苦労様という気分になれない。この町の黒人社会になんの貢献もしていない。彼はもっとできたはずだ。失われた命のいくばくかは救えたはずだ」（シカゴ黒人コミュニティグループリーダー、ジャマル・グリーン）[*7]

二〇一六年は、歴史上初めての黒人大統領に対する幻滅が、静かだが確実に広がり始めていた年だった。弱者が弱者に優しい政治をするとはかぎらない。その現実が目前にあった。そんな空気の中で、民主党は満を持して第二の弱者層（女性層）代表のヒラリー・クリントンを立てた。メディアの協力によって、ベンガジ事件もEメールスキャンダルも致命傷にはならなかった（なっていなかった）。メディアは、アメリカ史上初の女性大統領の登場は間違いないと報じた。しかし、民主党の進めてきたアイデンティティ・ポリティクスへの幻滅は始まっていた。そのことに、ヒラリーの進めるであろう干渉主義的外交の継続に期待していたネオコンたちも、まだ気付いていなかった。

＊1：Marl Lilla, The End of Identity Liberalism, New York Times, November 18, 2016
＊2：Secret Empire, p120
＊3：David S. Cloud, Bill Daley's Foreign Lobbying Draws Scrutiny, Chicago Tribune, January 17, 1997

＊４：Lauren Victoria Burke, Is Trump Right? A Look at What Obama's Done for Black Community, ABC News, August 4, 2015

＊５：貧困層の基準となる最低レベルの収入額（二〇一三年）

独身世帯	$１１、４９０
二人〃	１５、５１０
三人〃	１９、５３０
四人〃	２３、５５０

＊６：Steve Birr, Obama To Tout Chicago 'Successes' As Nearly 4,000 Murders Ravage City Over Last 8 Years, Daily Caller, January 7, 2017

＊７：Rosa Flores & Mallory Simon, Where change never came, CNN, January 10, 2017

ドナルド・トランプの登場　その一

不動産王の誕生

二〇〇五年一月二十二日、フロリダ州パームビーチにあるマー・ア・ラゴにはアメリカを代表する政財界人、ジャーナリストあるいはアーティストなどおよそ三五〇人が集まっていた。マー・ア・ラゴはおよそ一万平米（およそ三〇〇〇坪）の敷地に建つ歴史的建造物で、一九八五年十二月に不動産王ドナルド・トランプが一〇〇〇万ドルで購入し別荘とした。一二四室を備えた巨大な邸のダンスホールの広さはおよそ四八〇坪。この日、トランプは三度目の結婚式を予定していた。新妻はスロベニア出身のトップモデル、メラニア・クナウスである。トランプ五十八歳、メラニア三十四歳。二回り違う年の差婚であった。

トランプにとっては三度目の結婚の宴《うたげ》だったが、いささかの費用も惜しんでいない。[*1] 邸近くの海辺の教会（聖公会）のセレモニーに用意した一二カラットのダイヤモンドリングは一五〇万ドル、ウェディングドレス（ディオール）は一〇万ドル。牧師が聖書の言葉を読み上げる前には、

ドナルド・トランプの結婚式に出席したクリントン夫妻 2005年1月22日（https://www.mirror.co.uk/）

メトロポリタンオペラのソプラノ名手カメリア・ジョンソンがプッチーニの名曲「誰も寝てはならぬ」（オペラ：トゥーランドット）を歌いあげた。

宴は夜七時から始まった。ウェディングケーキは、砂糖菓子でできた三〇〇〇の白薔薇を全面にあしらったタワーケーキだった。使用されたバタークリームにはグラン・マルニエ（リキュール）がたっぷりと含まれていた。製作に二カ月を要したこのケーキをゲストに切り分ける時間はなかったから、食後のデザートケーキは別に用意された。セレモニー後にタワーケーキを味わったのはケーキ職人たちだった。

その夜のメニューは、シュリンプサラダ、ビーフテンダーロイン、キャビア、ロブスターテイル、チョコレートタッフルケーキ。食後酒にはクリスタルシャンペンが用意された。食事が終わるころに、ビリー・ジョエルが、「Just the way you are」を披露した。カメラは禁止だったから、この夜の映像はほとんど残されていない。英国のメディアは、トランプはこの宴に一五〇万ポンド（およそ二七〇万ドル）をかけたと報じている。[*2]

ゲストも錚々《そうそう》たる顔ぶれだった。次頁のリストがその一部である。

ドナルド・トランプは、一九四六年六月十四日、ニューヨーク市クイーンズで生まれた。父フレッドは、市南部のクイーンズやブルックリンを中心にミドルクラス用住宅開発を手がける不動産業者だった。ドナルドは反抗的であったらしく、両親は躾《しつけ》のために全寮制のニューヨーク・ミリタリー・アカデミーで学ばせることにした。十三歳のときである。軍隊式カリキュラムで、大学予備校的な性格の私立高校だった。学業、スポーツにも秀でていたようで、卒業のころにはリーダー的存在だった。その後は、フォーダム大学（ニューヨーク市）からアメリカ国内でもよく知られたビジネススクールであるウォートン校（ペンシルバニア大学）に移り、一九六八年に卒業した。

七一年には、会長に退いた父に代わり社長となり、社業を委ねられた。ドナルドが勝負をかけたのは七八年のことである。それまではニューヨーク市南部の住宅開発が中心だったが、マンハッタン中心部に進出を決めた。グランドセントラル駅横に立つコモドールホテル再開発事業に共同参画すると同時に、マンハッタン・ミッドタウン地区にトランプタワーの建設（五八階、高さ二〇二メートル）を決めた。

結婚式に集まった著名人たちの一部

政治家	ジョージ・パタキ（ニューヨーク州知事、共和党） ルディ・ジュリアーニ（元ニューヨーク市長、共和党） クリス・クリスティ（後のニュージャージー州知事、共和党） アーノルド・シュワルツェネッガー（カリフォルニア州知事、共和党） ヒラリー＆ビル・クリントン（上院議員、元大統領、ともに民主党）
スポーツ界	デレク・ジーター（ヤンキース） ドン・キング（スポーツ・プロモーター） シャキール・オニール（プロバスケットボール）
芸能界	サイモン・コーウェル（音楽プロデューサー） ビリー・ジョエル ポール・アンカ ケリー・リパ（トークショーホステス、プロデューサー）
メディア、評論家	コンラッド・ブラック（英国新聞王） バーバラ・ウォルターズ（ＡＢＣニュース） ケイティ・クーリック（ＣＢＳニュースアンカー） マット・ラウアー（ＮＢＣニュースアンカー）

注：肩書は当時

一九八八年、マンハッタンのプラザホテルを四億七〇〇〇万ドルで買収すると、五〇〇〇万ドルをかけて全面改修した。九五年にはマンハッタン銀行ビル（現トランプビルディング）を買収した。アトランティックシティ（ニュージャージー州）でのギャンブルが解禁（一九七七年）になると、カジノホテル経営にも進出した。一九九〇年四月、同市に一一億ドルの巨費をかけたトランプ・タージマハールをオープンした。当時もっとも贅沢なカジノホテルであった。

トランプのビジネス展開のすべてがうまくいったというわけではなかった。カジノリゾートホテル事業は失敗が続き、六度の倒産を経験した。しかし、彼は個人破産することなく、債権者、銀行団と交渉し、再建スキームを練り、立ち直った。二〇〇四年には、リアリティ番組「見習い社員（アプレンティス）」のホスト役となり、芸能界にも進出した。

この時期のドナルド・トランプに対する世間の評判は、必ずしも芳《かんば》しくはなかった。結婚式のゲストの一人ジョゼフ・オニール（小説家、彼の妻がメラニアの友人）は次のように書いている。

「あのころのトランプは、単に自己宣伝欲が強い不動産屋で、最近のテレビ番組『見習い社員』のヒットで調子に乗っているというイメージだった[*3]」

「見習い社員」は、トランプが経営する会社に見習い採用された複数の若者が、それぞれ与えられたテーマに解決策を示し、トランプの評価を待つという視聴者参加番組だった。最後まで残った参加者が本採用になる。番組の最後に、その回でもっとも出来の悪い見習い採用者がトランプから「お前は首だ（You are fired!）」と言い渡され脱落する。その場面が評判になった。いかにもアメリカらしい番組だった。

＊1：結婚式・パーティの模様は以下の記事に依った。
Michael Callahan, Hollywood Reporter, April 07, 2016
Emmeline Saunders, The President and the First Lady wed in an extravagant ceremony back in 2005, Mirror, January 5, 2018
＊2：Sarra Gray, Melania Trump Wedding, Express, May 23, 2019
＊3：Joseph O'Neill, Memories of Trump's Wedding, New Yorker, August 1, 2016

ドナルド・トランプの登場　その二

大統領選出馬を促したビル・クリントン

トランプの政治信条は、一貫していたとは言い難い。いまでは民主党支持者に蛇蝎《だかつ》の如く嫌われているが、一九八七年に共和党支持に変わるまでは、ずっと民主党支持者だった。九九年にはIT実業家ロス・ペローの率いる改革党を支援したが、二〇〇一年には民主党に回帰している。二〇〇九年には再び共和党支持に戻った。不動産開発業においては政治とのかかわりが避けられない。政治的二股をかけていたのであろう。また、彼自身も悩みながら自分なりの政治的信条を形成していたのではないかと思われる。成長過程で支持政党が「ふらつく」ことは自然である。

彼の政治思想遍歴を振り返ってみれば、もっとも素直な影響を受けたのはロス・ペローではなかったかと思える。ペローはネオコンが進めた湾岸戦争に反対であったし、NAFTAにも否定的であった。ペローは非干渉主義、保護貿易主義、そして小さな政府（財政均衡）を志向する伝統的な共和党思想の信奉者だった。トランプと同様に、政治活動資金を自ら調達できる資産もあった。ペローが一九九二年の大統領選挙に新党を率いて出馬したのは、ネオコン思想に浸食され

ドナルド・トランプの党派別献金額[*1]

期間	共和党	民主党
1989 − 2011年	$497,690	$581,350
2012 − 2015年（7月）	$463,450	$　3,500

た共和党への幻滅からであった。

結果的にみれば、彼の動きは共和党票を分裂させ、民主党を利したに過ぎなかった。ビル・クリントンが現職ジョージ・ブッシュ（パパブッシュ）を破り当選できたのは、このためであった。

トランプは、二〇〇九年に共和党に「出戻り」したものの、民主党へのリスクヘッジは続けていた。同年、トランプ財団からクリントン財団に一〇〇万ドルの寄付がなされていることからそれがわかる。クリントン財団の悪行が世に知られる前のことである。一三九頁の写真の笑顔が示すようにトランプとクリントン夫妻の仲は良好だった。しかし、二〇一二年になると共和党支持に固まり、民主党とは決別したようだ。彼の献金額の推移がそれを示している（上図）。

二〇一一年ごろに、彼の心境にはっきりと変化があったことがわかる。ビジネスが盤石になったと感じ、二股献金はもはや不要と考えたのであろう。二〇一六年、共和党大統領候補の座を巡る鍔迫《つばぜ》り合い（後述）のなかで、有力候補の一人ランド・ポール上院議員（ケンタッキー州）が、彼の民主党への献金の過去を揶揄《やゆ》したことがある。トランプは、民主党への献金がビジネス行為であったことをあけすけに認めた。

「あなた（トランプ）は、いま民主党大統領候補になっている数人の政治家に献金していますね。それはビジネスのためだったと公言してもいる。つい最近も『金さえ渡せば、やってほしいことは何でもしてくれる』と発言した（節操がないのではないか）」（ポール議員）

「たしかに何でもやってくれるのだからしかたがない」（トランプ候補[*2]）

大きな心境の変化があったと思われる二〇一一年は、アラブの春に代表されるヒラリー（とオバマ）の干渉主義的外交が「花盛り」だった年である。これを見て、トランプの本来的な政治信条（非干渉主義）が強く刺激されたようだ。祖国アメリカは世界中に不毛の戦いを拡散している。この外交を修正したい。それが母国への恩返しになる。そんな気持ちが湧いたのではなかったか。

ビジネスで巨富を得た人物が、そうした心意気に燃えることはアメリカではめずらしくない。鉱山ビジネスで巨富を築いたハーバート・フーバー大統領も、自身の余生を国家への恩返しに使った。ロス・ペローもそうであった。財を成した人物が「職業としての政治」ではなく、「国への恩返しのための政治」を志すケースは少なくない。トランプは、民主党の進めているアイデンティティ・ポリティクスにいかがわしさを感じ、ネオコンによる干渉主義的外交が世界をより不安定にしていることを確信したのであろう。

アイデンティティ・ポリティクスは、バラク・フセイン・オバマを誕生させたことで第一の目標を達した。トランプは、オバマ大統領の資質そのものにも疑問があったようだ。ネオコンの意のままに進める外交、不法移民対策の欠如、中間層の負担を激増させる国民皆保険（オバマケア）の強行、一向に改善しない黒人層の高い犯罪率と失業率。オバマ大統領はけっして弱者の味方ではなかった。

二〇一一年三月には、トランプは、オバマ批判を強めている。彼は内政・外交の失策を具体的に指摘する前に、より根源的な問題を提起した。オバマの出自である。合衆国憲法（第二条第一節第五項）は、大統領の被選挙権を三十五歳以上でアメリカ在留期間が十四年以上ある者と定めると同時に、出生時にアメリカ国民でなくてはならないことを規定する。オバマ大統領はこれを満たしていないのではないかと疑問を呈し、出生証明書を公開するよう迫った。

オバマ大統領の出自にはたしかに疑わしいところがあった。彼は、一九六一年八月四日に、ケニア人の父（イスラム信者）と英国系アメリカ人の母（キリスト教徒）の間に生まれた。両親はすぐに離婚した。母はその後ハワイで学んでいたインドネシア人学生と再婚した。オバマは幼年時代をジャカルタとホノルルで過ごしている。学業成績の良かった彼はコロンビア大学（ニューヨーク）で政治学を学び、卒業後はシカゴに移った（一九八五年）。低所得者層を対象にしたコミュニティーオーガナイザーとして働き、政治家として台頭するきっかけをつかんだ。その町がシカゴの貧困地区サウスサイドだったのである。

メディアは「政治的に正しい発言」の自主規制の中でオバマの出自問題を深追いしなかった。「人種差別だ」と反発されたくなかったからだ。ホワイトハウスは、二〇一一年四月二十七日、ネット上でオバマの出生証明書を発表した。それを多くの組織が分析した。ホワイトハウス発表の証明書は、コンピューターグラフィックを駆使した出来の悪い偽物であるとの発表が相次いだ。いまでは偽物であることがほぼ確定している。[*3]

ヒラリーの対抗馬を決める共和党候補レースは二〇一五年の春ごろから始まっていた。出馬を考えていたトランプに背中を押す電話をかけたのは、ビル・クリントンだった。トランプは、確固とした共和党支持に変わって以降も、クリントン夫婦とは馬が合ったようである。ビルはトランプとはゴルフ友達であることを公言し、トランプを高く評価していると繰り返し発言していた。

そんな関係にあるなかで、二〇一五年五月、二人は翌年の大統領選挙について電話で語り合った。「君は共和党員としてより重要な役割を果たすべきだ」とビルはトランプの背中を押したらしい（ワシントンポスト紙、二〇一五年八月五日付）。ビルは、出馬を勧めたこと自体は否定しているが、トランプと何事か電話で話し合ったことは認めている。[*4]

当時のトランプは、共和党内ではアウトサイダーであった。「政治を道楽としている気前の良い大富豪」というイメージだった。彼が立候補しても党の予備選に勝利すると思う党員はどこにもいなかった。ただ彼には資金力があった。予備選に敗れた場合、トランプは独立系候補として立候補できる。そうなれば共和党の票は確実に割れ、民主党に有利になる。先に書いたように、ビルが大統領になれたのは、ロス・ペローの出馬で共和党票が割れたからだった。十九世紀後半から二十世紀初めの時期、民主党が共和党に勝てることはほとんどなかった。一九一二年の選挙で、民主党候補ウッドロー・ウィルソンが久方ぶりに勝利したが、そのときも、共和党が割れたからである。予備選で敗れたセオドア・ルーズベルトが独立系候補として出馬したのだった。

ビル・クリントンが、「共和党内の候補者レースに勝てそうもないが、独立系として大統領選挙に出る可能性のあるトランプ」に出馬を促すことに論理的矛盾はなかった。妻ヒラリーへの援護射撃であった。

＊1：Will Carbaniss, Donald Trump's campaign contributions to Democrats and Republicans, PunditFact, July 9, 2015

＊2：ABC News, August 31, 2015

＊3：複数のグループが解析を試みており、偽物であるとしている。その一つがイスラエルの以下の科学サイトである。
Israel Science and Technology Directory: Long-Form Birth Certificate of Obama is a Forged Document
https://www.science.co.il/Obama-birth-certificate.htm

＊4：Melissah Yang, Did Bill Clinton Ask Donald Trump To Run For President? The Truth Is Revealed On 'Colbert', Bustle, October 6, 2015

ドナルド・トランプの登場　その三

出馬宣言

二〇一五年六月十六日、トランプタワーでの出馬表明は、彼の当時の、そしていまも変わらぬ政治信条を明らかにしたものだった。以下がその表明文の要旨である。[*1]

「わが国は実に危ない状況にある。世界中から笑われる存在になり下がった。ISISも中国もメキシコもわが国に『勝利』している。わが国は弱体化し、敵国はますます強力になった。政治家連中は言葉だけで、行動しない。彼らにはわが国の抱える問題を解決する能力はない。無能な彼らに何の期待もできない」

「アメリカ大統領の座をめざして（共和党予備選に）出馬する。私は自分の会社を愛している。これまでに作り上げてきたものを大事にしたい。しかし、それ以上にこの国が大事である。（負け続けている世界の国々との）競争に再び勝たなくてはならない。いまの政治家には期待できない。なぜなら、彼らこそがわが国の抱える問題そのものなのだ。彼らは、ロビイスト、高額献金者といった特殊利益をもつ者の意のままに操られている。国民の幸福などに関心はない。わが国の財政赤字は二〇トリリオンドル（二〇〇〇兆円）にもなろうとしている」

「世界は日々危険になっている。イランは核兵器開発を止めず、中国は軍事力の強化を続ける。ISISはキリスト教徒の首を切り、ベンガジではわが国の外交官が惨殺された。その犯人は放置されたままである。イランとISISは、あの広大な中東地域を支配下に置こうとしている。そこには世界最大の石油が眠っているにもかかわらず、わが大統領はなんの手も打てていない」

「ワシントン（の政治家たち）が壊れている以上、わが国は衰退の一途を辿る。まともな人間をワシントンに送り込まなくてはならない。効果的そして効率的な行政を進めなくてはならない」

「メキシコとの国境には高い壁をつくる必要がある。（建設業務に詳しい）私よりしっかりとした壁を作れる政治家はどこにもいない。国境のない国家など存在し得ない。メキシコはもはやわが友邦ではない。メキシコからの不法越境者は後を絶たず、経済面でも（NAFTAを利用して）わが国を脅かす」

「要はワシントンを変えなくてはどうにもならない。特別な権益をもつ連中を排除しなくてはならない。私は政治家ではない。だからこそ買収されない。全国を駆け巡って選挙資金を無心するようなことはしない。誰にも借りをつくらない。私が大統領になったときに誰に責任をもつべきか。（投票してくれた）アメリカ国民にだけ責任を負えばよいのである」

「同盟国にはわが国は頼れる国であることをもう一度示さなくてはならない。敵に対して背を見せてはならない。わが国はイスラエルを支援する。イスラエルへの攻撃はわが国への攻撃とみなす。イランには核兵器開発を止めさせる。中東では軍拡競争などあってはならない」

「ＩＳＩＳは潰す。それはすぐにでもできる。中国には強く出る。彼らの通貨操作、スパイ行為はあまりに酷《ひど》い。彼らがおかしなことをすればそのたびに関税を課す。彼らの悪行が止むまで段階的に税率を引き上げる」

「アメリカンドリームは死んだ。しかし私が大統領になれば、この夢は生き返る。アメリカを再び偉大な国にしようではないか（Together we will make America great Again!）」

トランプは二〇一二年の選挙でも出馬を匂わせていただけに、この日の出馬表明に驚いた者は少なかった。民主党全国委員会（ＤＮＣ：大統領候補選出の党最高機関）は、「彼の出馬で、やっとまともな議論ができる。これまで出馬表明した候補者には真剣さが欠けていた。国のために何ができるか、彼の考えをこれからじっくりと聞かせてもらう」と余裕の対応だった。[*2]本音は「泡《ほう》沫《まつ》候補」トランプへの揶揄であり、共和党主流派候補への面当てであった。

出馬はトランプのビジネスにはマイナスだった。八月にはトランプグループのホテルやリゾート施設の利用者は対前年比一七％減となった。いったん減少率は一桁となったが、二〇一六年三月には再び一七％に戻った。こうなることはトランプも織り込み済みだった。彼の所有する施設の多くがブルーステート（民主党の強い州）にあったからである。[*3]

＊1：出馬声明全文は以下サイト。
http://www.p2016.org/trump/trump061615sp.html

＊2：Stefan Becket, Democrats just had the Perfect Response to Donald's Trumps Presidential Announcement, MIC, June 16, 2015

＊3：Trump's Presidential Campaign hits traffic to his property, domain-b.com, August 5, 2016

ドナルド・トランプの登場　その四

共和党エスタブリッシュメントの抵抗

以下が二〇一六年二月十一日時点で、共和党予備選レースに残っていたトランプ以外の候補者である。

ジェフ・ブッシュ　元フロリダ州知事、パパブッシュの次男
ベン・カーソン　脳神経外科医（メリーランド州）
テッド・クルーズ　上院議員（テキサス州）
ジョン・ケーシック　元上院議員、オハイオ州知事
ジム・ギルモア　元バージニア州知事
マルコ・ルビオ　上院議員（フロリダ州）

有力候補とみなされていた政治家の幾人かがすでに脱落していた。ジョージ・パタキ（元ニュ

ーヨーク州知事）、リンゼー・グラム（上院議員、サウスカロライナ州）、マイク・ハッカビー（元アーカンソー州知事）、ランド・ポール（上院議員、ケンタッキー州）などの主流派に属する、あるいは知名度の高い政治家が消えていた。

大統領候補者を決める予備選挙では、三月初めの火曜日に複数の州での開票があり、戦いの帰趨《きすう》が決まる。その火曜日は「スーパーチューズデー」と呼ばれる。二〇一六年は三月一日がその日だった。トランプは、一一の州のうち七州を制し、本命とみられていたテッド・クルーズ（三州を制した）に大差をつけた。この日に大勢は決した。二週間後（三月十五日）にはミニ・スーパーチューズデーがあったが、トランプは六州のうち五州を制し共和党候補の座を確実にした。同時進行していた民主党の予備選挙は、早い段階からヒラリーと社会主義者バーニー・サンダース（上院議員、バーモント州）の一騎打ちの様相を呈していたが、終始ヒラリーがリードしていた。二〇一六年三月末までには、十一月の大統領選挙は、トランプとヒラリーの対決になることが確定した。

三月八日、筆者はサンフランシスコ郊外にいた。当時進めていたハーバート・フーバー大統領の著作『裏切られた自由』（草思社）の翻訳作業がほぼ終わったことを受けて、スタンフォード大学内のフーバー研究所に最後の打ち合わせに訪れていた。その日の晩は、海辺のモーテルに宿をとった。部屋のテレビからトランプ候補の自信に満ちたスピーチが聞こえてきた。この日、彼はフロリダ州南東岸の保養地ジュピターにいた。このスピーチに筆者は引き込まれた。それまでは、彼の動向にはほとんど関心がなかっただけに、この年の大統領選挙自体にも興味が湧かなかった。筆者は、ＦＲＢ（連邦準備制度理事会）改革に奮闘していたロン・ポール（元下院議員、テキサス州）の息子であるランド・ポール上院議員に期待していただけに、彼の脱落以降は興味を失っていた（注：同議員は後にトランプ大統領の外交内政に理解を示し、協力の立場をとっている）。

しかし、この日のトランプのスピーチを境に筆者は、再び大統領レースの成り行きを注視するようになった。トランプの思想を読者に理解してもらうには、この日のスピーチ全文を収録すればよいのだが、紙幅の都合上、エッセンスだけを紹介する。

政治無関心層：いままで投票行動を起こさなかった有権者が動き出した。彼らの票がそのまま私（トランプ）に流れている。民主党支持者からも鞍替《くら》えが出ていて私に投票している。それが他候補を圧倒している理由である。

メディアの人格攻撃と世論調査の嘘：メディアは私をひどく批判（人格攻撃）し始めた。世論調査でもトランプ不利の結果を報じている。メディアの嘘が酷い。

ロビイスト、利益団体：支持が広がっているのは、国民もロビイストのやり口に気付いているからである。私は利益団体の損得とは無縁である。

メキシコ国境問題：厳しくする。移民を拒否するのではなく、合法的な手続きに従ってもらう。

交渉スタイル：安易な妥協や和解はしない。これまでのビジネス上の裁判で、和解すれば弁護士の「カモ」になることがわかっている。彼らは、簡単には和解しない相手は面倒なので訴えてこない（注：外交交渉についての基本姿勢について述べたものでもある）。

共和党内の主流派（ネオコン）：（共和党内ネオコンの代表である）リンゼー・グラム上院議員の私への批判は常軌《じょうき》を逸している。彼を筆頭にして私を罵《ののし》ってきた者はみな候補戦レースから脱落している（注：トランプは、グラム議員に対して丁寧な言葉を使い、必ずうまくやっていけると語っていた。グラム議員は反トランプから是々非々での協力に態度を若干軟化させている）。

ヒラリー・クリントン：共和党がまとまれば、ヒラリーには簡単に勝てる。ヒラリーは（法律を破っており）大統領職をめざしてはいけない人物である（Eメールスキャンダル：国家機密漏洩疑惑は限りなく黒）。

政治的に正しい発言：国民は「政治的に正しい発言」を強制されることに辟易《へきえき》している。

貿易：自由貿易を信奉するが、これは貿易する双方がスマート（頭が良い、あるいは常識的）であることが前提である。わが国の指導者は愚かすぎて、自由貿易では相手に利用されるだけである。とくに中国は片務的自由貿易で、わが国は年間五〇〇〇億ドルの貿易赤字となっている。通貨操作も酷い。対日、対メキシコ貿易赤字も是正しなくてはならない。必要なのはフェアな貿易である。そうすればそれなりに均衡した貿易になる。

軍事：軍は大事にする。退役軍人の福利厚生は手厚くする。

工業：ミシガン州、イリノイ州など工場閉鎖が相次いでいる。多くのメーカーがメキシコに工場を移しているが、これを止めさせる必要がある。国内に製造業を復活させる。

このスピーチと、二〇一五年六月の出馬表明を総合すれば、トランプの政治姿勢ははっきりする。すでに書いたように、ロス・ペローにつながる伝統的な非干渉主義（保守主義）なのである。この思想は、共和党内では長らく死に体だった。民主党から流れ込んできたネオコンの「活躍」で、民主党の政策との差が見られなくなった。しかし、トランプの登場で、諦めていた層が活気づいた。

共和党支持者は、トランプ以外のほとんどの候補の主張が本質的に民主党のそれと変わらないことを見破っていた（注：但し、ランド・ポール上院議員などはヒラリー外交を厳しく批判していた）。外交の場面において、オバマ政権が干渉主義的な外交を続けられたのは、ワシントン議会の共和党がだらしなかったからであった。

トランプは、政党を問わず政治家のすべてがロビイストや特別利益団体に操られていると批判した。それは、当時の共和党主流派、つまりネオコンを含むエスタブリッシュメントへの批判でもあった。「政治の素人」からの批判に激しく反発した典型が、上述のリンゼー・グラム上院議員だったのである。

テッド・クルーズ上院議員もネオコンだった。彼は外交アドバイザーにジェイムズ・ウーズレイ（元CIA長官）やエリオット・アブラムス（CFR研究員）などのネオコン論客を起用していた。ネオコンの最後の希望であったクルーズ上院議員も五月三日に敗北宣言を出し、レースから脱落した。

スーパーチューズデーから一週間たった三月八日、「アメリカ防衛再興」を執筆したロバート・ケーガンのコメントがあった。トランプへの憎しみさえ感じさせた。

「トランプが共和党をハイジャックしたのではない。党が彼を育ててしまったのである。彼は育ての親を破壊する怪物フランケンシュタインである」[*1]

先にも書いたように、彼の妻はビクトリア・ヌーランドであり、もしトランプが大統領になれば真っ先にポストを外される人物であり、逆にヒラリーが大統領になれば新政権では対ロ、東欧外交の先頭に立つことになる。大統領選の行方が妻の出世に大きくかかわっていた。

共和党内で非ネオコン系リーダーはポール・ライアン下院議員（下院議長、ウィスコンシン州）だった。七月に予定されている共和党全国委員会（NRC）では議長を務める立場にあった。二〇一二年の大統領選挙では共和党大統領候補ミット・ロムニーのランニングメイト（副大統領候補）だった。将来の大統領候補の一人であったライアン議員は、五月初めの時点においてもトランプ支持をためらっていた。地元ミルウォーキーの地方紙（ミルウォーキー・ジャーナル・センチネル：二〇一六年五月九日）のインタビューに次のように答えていた。

「彼（トランプ）の予備選での戦いぶりと勝利については評価したい。数百万単位でわが党の支援者を増やしてくれている。しかし同時に、わが党がまだ結束していないことを隠してはならない。（党がまとまらなければ）党が割れたままで秋の大統領選挙を迎えることになる」

共和党支持者の多くは、党がまとまらない原因はライアン自身の態度にあると見ていた。主流派にはアウトサイダー候補トランプへの妬みがあることも敏感に感じ取っていた。日を追うごとに、共和党支持者のライアンへの憤懣は高まり、彼の演説会場では罵声が飛ぶまでになっていた（ライアンは、二〇一八年の中間選挙では出馬せず、下院から去った。彼の政治生命は二〇一六年のトランプ候補へ冷ややかな対応をとった時点で終わっていた）。

＊1：Paul R.Pillar, Why GOP Bigwigs fear Trump, Consortium News, May 8, 2016

ヒラリー支持を鮮明にしたネオコン

ネオコン期待の星テッド・クルーズ議員の敗北宣言からおよそ一週間後の五月八日、ロサンジェルス・タイムズ紙がマックス・ブート（ロシア系ユダヤ人）の署名入り論考を掲載した。ブートは、ＣＦＲのメンバーであり、生粋《きっすい》の共和党育ちのネオコンだった。共和党大統領候補だったジョン・マケイン（二〇〇八年）、ミット・ロムニー（二〇一二年）、そしてテッド・クルーズ議員の外交アドバイザーを務めた大物だった。自らを堂々とアメリカ帝国主義者と称し、彼以上のタカ派はいないと見なされていた。

「共和党は死んだ」と題された論考は、感情をむき出しにしたものだった。使われる言葉の「汚さ」は常軌を逸していた。

「トランプは無知な扇動家である。人種差別主義者であり、女性を蔑《さげす》み、陰謀論を好む。保護貿易主義者であり、孤立主義者でもある。この考え方があの世界不況と第二次世界大戦の原因になったではないか。彼は、不法移民を追放すると言い、イスラム国からの移民を認めない。（中略）彼は日本や韓国だけでなく、もっとも重要なＮＡＴＯ諸国との同盟関係を破壊しようとしている。その一方で、プーチンには寛容なのである」

「ヒラリー・クリントンは民主党内中道派だが、オバマよりはタカ派である。彼女は主義主張がしっかりしていて、外交の知識がある。トランプは不安定で何をしでかすかわからない」

共和党生粋のネオコンであるマックス・ブート

マックス・ブートのこの論考で、共和党主流派が党内ネオコンに支えられ、ヒラリー外交の共謀者になっていたことがわかる。伝統的保守主義者（非干渉主義者）が共和党を見限った理由がここにあった。

共和党ネオコンにとっては、イラク戦争もアラブの春も、ＮＡＴＯの東進（旧東欧諸国のＮＡＴＯ陣営への取り込み）でロシアを刺激する外交もすべて正しかったのである。その修正を求めるトランプの主張は、そのまま共和党ネオコン勢力への批判でもあった。

ブートは、保守派の中から第三の候補が出てほしいとまで書いた。そうなることで保守票が割れ、ヒラリー有利になることを期待するからだった。ネオコンは、トランプが共和党予備選で敗れ、それに納得できない彼が独立系候補として出馬することを願っていた。すでに書いたように、ビル・クリントンがトランプの背中を押したのもそれが理由だった。しかし、ネオコンの期待に反して、トランプが共和党予備選そのものを勝ち抜いてしまった。

ブートの論考が発表された一週間後の五月十六日、ネオコン勢力は新たなトランプ批判の論考を発表した。「アメリカンパワーの拡大」[*1]と題された二二頁の小論文で、CNAS（新アメリカ安全保障センター）によるものだった。既述のとおりこの組織は、二〇〇七年に設立された民主党系シンクタンクであり、設立にはヒラリーも一役買っていた。副題には、「競争激しい世界における、アメリカの積極外交」とあった。「アメリカ防衛再興」のロバート・ケーガンに加え以下の人物が執筆していた。

ジェイムス・ルービン：クリントン政権国務次官補
ジュリアンヌ・スミス：ジョー・バイデン副大統領付副補佐官（国家安全保障政策）
ミッシェル・フルオノイ：第一期オバマ政権国防次官（政策担当）
カート・キャンベル：第一期オバマ政権国務次官補（東アジア・太平洋地域担当）

エリック・イーデルマン：第二期ジョージ・W・ブッシュ政権国防次官（政策担当）
リチャード・フォンテーヌ：CNAS会長
スチーブン・ハドレイ：第二期ジョージ・W・ブッシュ政権国家安全保障問題担当大統領補佐官
ジェイムズ・スタインバーグ：第一期オバマ政権国務副長官
ロバート・ゼーリック：第二期ジョージ・W・ブッシュ政権国務副長官

この執筆者リストを見れば、あらためてネオコンが共和・民主両党に根を張っていることがわかる。二十一世紀のアメリカ外交はネオコンにリードされていたのである。ミッシェル・フルオノイはヒラリー政権の国防長官候補と見なされていた。ケーガンの妻ビクトリア・ヌーランドも幹部登用が確実視されていたことはすでに述べた。[*2]

アメリカンパワーの拡大は、「アメリカ例外主義」を信じて疑わないネオコン思想の集大成であった。

「国際社会の秩序を破壊する国家に対しては積極的にレジームチェンジに関与する、それが民主・共和両党のコンセンサスである。トランプはこの合意を破壊する危険な政治家である」

「米国に有利になる世界の枠組みを構築し、維持しなくてはならない。それには圧倒的な軍事力が必要である。アメリカのヘゲモニー獲得の障害がロシアであり、シリアであり、中国である。アメリカ外交の目的を達成するためには、NATO諸国との協力は重要だ」

これが小論文のエッセンスであった。国連の役割にはいっさい触れていない。アメリカ一国主義外交の極致だった。イラク戦争そしてアラブの春外交を内省的に分析したり、リビアの治安悪化の原因を真摯《しんし》に分析する姿勢はどこにもなかった。サダム・フセインやカダフィの排除に疑問をもち始めた世論の変化にネオコンは異常なほどに鈍感であった。

筆者がとくに驚かされたのは、彼らがトルーマン・ドクトリンを高く評価していることであった。[*3]トルーマン・ドクトリンは、戦後すぐの時期に、ソビエトによる世界共産化攻勢に対抗するために、ハリー・トルーマン大統領がとった「ソビエト囲い込み政策」であった。

「トルーマン外交が成功したのは、そこには大戦略（grand strategy）があったからである。いかなる敵（ソビエトあるいは中国を指す）にも、ヨーロッパやアジアの（人的なそして物的な）資源を自由にさせないという考えである。戦時であっても平和時であってもそれを許さないという強い意志があった」

「わが国はけっして引き込もるようなことがあってはならない（非干渉主義に陥ってはならない）。自由主義世界の保護者としての立場（神から与えられた宿命）を忘れてはならない」

このように書いた上で、これまで民主・共和両党（の主流派）が営々と築いてきた国際主義的（干渉主義的）外交の歴史を、「トランプのような外交の素人に破壊させてはならない」と説いていた。

ネオコンが、トルーマン・ドクトリンを信奉するのは理解したとしても、彼らには、なぜトルーマンが強硬な「囲い込み政策」をとって共産主義国家ソビエトと対峙せざるを得なくなったかの歴史的考察がいっさいない。共産主義国家ソビエトがなぜあれほど強大な国家になったのか。トルーマンの前任者フランクリン・デラノ・ルーズベルト（FDR）の外交（干渉主義的外交）が、スターリンという怪物を生んだ事実にはいっさい触れないのである。

アメリカでは釈明史観（第一次世界大戦、そして第二次世界大戦時のアメリカ外交を是《ぜ》として語る御用史観）が主流である。その見直しを主張する歴史家も多いが、彼らは歴史修正主義者というレッテルを貼られている。筆者は、アメリカの若い世代も釈明史観で育っている以上、過度の干渉主義に染まっていくだろうと危惧していた。ネオコンの台頭はそれが現実となっていた証だった。

「アメリカンパワーの拡大」論文が発表された二カ月後、民主・共和両党の全国委員会は、それぞれヒラリーとトランプを党の正式候補に指名した。二人の戦いは本来であれば、典型的な干渉主義対非干渉主義のわかりやすい選挙戦（論争）になるはずであった。しかし、ここに民主党が進めてきたアイデンティティ・ポリティクスがからんできた。民主党は、お家芸である「人種カード」「女性カード」に代表される「少数弱者カード」を使い、トランプの人格攻撃を開始した。

＊1：CNAS, Extending American Power: Strategies to expand U.S. Engagement in a competitive World Order, 2016

＊2：Rania Khalek, Robert Kagan and Other Neocons Are Backing Hillary Clinton, The Intercept, July 25, 2016

＊3：Extending American Power, p4

第5章

ヒラリーを擁護する主要メディア・司法省・FBI

反トランプ報道一色となったアメリカ主要メディア

共和党は全国党大会（クリーブランド：七月十八〜二十一日）で、トランプを大統領候補に、ランニングメイト（副大統領候補）にマイク・ペンス（インディアナ州知事）を正式に指名した。民主党はフィラデルフィアで開かれた大会（七月二十五〜二十八日）でヒラリーとティム・ケイン（上院議員、バージニア州）のコンビを指名した。こうして夏のアメリカに選挙ムードが一気に広がった。

予想されてはいたが、米国主要メディアのほぼすべてが反トランプを決めた。ニューヨークタイムズ紙はその急先鋒に立った。あまりに一方的な反トランプ報道に、身内からも苦言を呈されるほどだった。

「ジャーナリズムの仕事は読者や視聴者に真摯に対応することである。事実に沿った報道をしなければ、後日必ず批判される」（ニューヨークタイムズ紙、二〇一六年八月七日[*1]）

メディアリサーチセンターは、七月二十九日から十月二十日までの期間になされた三大テレビネットワーク（ABC、CBS、MSNBC）の大統領選挙報道を分析した。それによれば、三社トータルで一千百九十一分が大統領選挙報道に費やされていた。この期間の全ニュースの二九％に相当した。[*2]

ヒラリーとトランプに対していかなるコメントがなされていたかについても精査した。候補者に対するコメント数はトランプに六八六、ヒラリーについては一八四であった。メディアの関心はヒラリーよりもトランプにあった。しかし問題は、トランプについてのコメントは九一％がネガティブだったのである（六二三対六三）。一方のヒラリーについては一八四のコメントのうち、肯定二一％、否定七九％であった（三九対一四五）。

これを総合すれば上表のような数字になる。

トランプに不利なコメント数

反トランプコメント数	623
親ヒラリーコメント数	39
計	662

ヒラリーに不利なコメント数

反ヒラリーコメント数	145
親トランプコメント数	63
計	208

メディアが完全に中立ということは不可能にしても、トランプ批判がヒラリーの三倍以上に及んだことは異常だった。放映内容そのものにも明らかな偏向があった。候補の

個人的スキャンダルの報道では、トランプには四百四十分、ヒラリーには百二分が使われた。ヒラリーに比べて四倍以上の時間がトランプの「スキャンダル」報道に費やされていた。彼の女性蔑視発言（実業家時代の過去の発言）には百二分が使われる一方で、ヒラリーの国家機密漏洩疑惑（Eメールスキャンダル）には五十三分、クリントン財団を使った迂回買収外交疑惑には四十分であった。国家安全保障上の視点からすれば、ヒラリーを巡る疑惑のほうが問題であるが、メディアは「女性蔑視発言」を重視した。[*3]

この時期にも、議会からの圧力で、FBIがヒラリーの国家機密漏洩疑惑を捜査していた（後述）。すでに、彼女のEメールの内容が中国やロシアの情報機関に筒抜けであったことは確実になっていた。外国に潜ませていた情報工作員の生命が危険に晒《さら》されていた可能性もあった。本来であれば、メディアのヒラリーへの風当たりは強くなるはずだったが、記者たちの彼女への質問にはいささかの棘《とげ》もなくむしろ穏やかであった。[*4]

偏向の原因は、メディアの中枢にいるジャーナリストが、アイデンティティ・ポリティクス世代の教育を受けていたからだった。「政治的に正しい発言か否か」を過度に気にするジャーナリストは、弱者の側に立つことが正義だと信じていた。民主党のアジェンダは、次の弱者代表（女性）のヒラリーを大統領にすることだった。それにジャーナリストたちも賛同していた。

ジャーナリストたちによる個人献金もヒラリーに偏っていた。およそ四三〇人がヒラリーに献金し、総額は四〇万ドルに及んでいた。トランプに献金した者はわずか五〇人、総額は一万四〇

プライベートジェットを背に空港滑走路脇で演説するトランプ

〇〇ドルに過ぎなかった。[*5]

筆者はこのころ、全米各地で毎日行なわれるトランプの演説（トランプラリー）を日々観察していた。プライベートジェット（ボーイング737）で移動するため、彼の演説はしばしば空港滑走路脇で行なわれた。それでも多くの支持者が集まり、日を追うごとにその数は増えていった。

一方、ヒラリーのスピーチにはトランプ支持者のような熱狂もなく、明らかに数千人単位の聴衆しか集まっていなかった。つねに万単位の支持者を集めるトランプとは明らかな温度差があった。主要メディアはそれを伝えず、むしろ隠そうとした。

メディアは、カメラワークを使ってトランプ人気を隠ぺいした。彼のスピーチではクローズアップを多用し、熱狂する支持者を画面に入れなかった。会場に響く支持者の歓声は絞られた。しかし、ソーシャルネットワークに真の状況を伝える映像が上げられ、メディアの偏向（嘘）は暴かれた。

あまりの偏向振りにトランプも憤った。報道カメラを指さし、「あそこにいるのはインチキメディア（crooked media）連中だ」と怒りを爆発させた。講演会場では、支持者たちが報道席を取り囲み、レポーターやカメラマンを激しく罵る場面も増えていった。「メディアは嘘つき」という大合唱が広がり、その声がソーシャルネットワークに乗って全国に拡がった。

民主党のメディア対策責任者は、先に紹介したロビイストのジョン・ポデスタ（元クリントン大統領首席補佐官）とジョエル・ベネンソン（ユダヤ系選挙コンサルタント）だった。二人は、早くも二〇一五年四月には、メディア関係者を招いたパーティ（非公開）を開き、「いかにしてヒラリーを大衆に売り込むか」を打ち合わせていた。ＡＢＣ、ＣＢＳ、ＭＳＮＢＣ、ＣＮＮ、ニューヨークタイムズ紙、ＡＰ通信の関係者が参加した。[*6] 選挙のプロ（選挙屋）の仕事だけに充分に効果的であったが、ソーシャルネットワークは既存メディアの力を凌駕《りょうが》し始めていた。

＊1：Jim Rutenberg, Trump is Testing the Nations of Objectivity in Journalism, New York Times, August 7, 2016

＊2：報道分析の記述は下記論考に依った。
Rich Noyes, MRC Study: Documenting TV's Twelve Weeks of Trump Bashing, mrcNewsBusters, October 25, 2016
https://www.newsbusters.org/blogs/nb/rich-noyes/2016/10/25/mrc-study-documenting-tvs-twelve-weeks-trump-bashing

＊3、4、5、6：Bob Unruh, 91% of U.S. Media coverage hostile to Trump, WND, October 25, 2016

環境利権（地球温暖化利権）への挑戦

「政治的に正しい発言」は少数弱者に優しい主張でなくてはならない。それに加え、環境問題にセンシティブでなくてはならない。環境保護運動にいつのまにか、怪しげな「地球温暖化の原因となる二酸化炭素は削減すべし（CO_2悪玉説）」という主張が潜り込んだ。いまではアメリカ国民の半数以上がこれを信じている。トランプ支持者も例外ではなかった。したがって、パリ協定からの離脱あるいはアメリカのエネルギー政策の変更（規制緩和による国内化石燃料の再開発）を語ることは、選挙には不利であった。

トランプ大統領の登場に危機感をもった組織（エール大学およびジョージ・メイソン大学の研究組織）がトランプ支持者の環境問題意識調査を実施した。[*1] 調査の動機は、新政権が温暖化対策予算を削減することを恐れるからだった。二〇一七年二月に公表された調査報告書の内容は以下のようなものだった（抜粋）。

一　トランプに投票した支持者の四九％が地球温暖化は現実に起きていると考える。三〇％はそう考えていない。

二　同じく四七％が地球温暖化防止の国際協定に参加すべきと考える。二八％は参加の必要を感じていない。

三　同じく六二％が、地球温暖化を防ぐためなら増税および規制強化もやむなしと考える。二一％がどちらも不要と考える。

四　同じく七一％が、クリーンエネルギー研究に予算をつけることに、六九％がクリーンエネルギー自動車購入者への何らかの優遇措置に賛成している。

トランプは有権者の意識を、このような調査がなくてもわかっていたはずだった。それでもトランプは、CO_2悪玉説は、米国製造業を衰退させるデマ学説であるとの主張を変えなかった（日本の評論家の中には彼をポピュリストと語る者がいる。もしそうであれば、トランプはCO_2悪玉説に異を唱えるはずもない）。トランプは早い時期から、この問題については何度もツイートしていた。

二〇一二年十一月六日

地球温暖化（CO_2悪玉説）は、米国製造業から競争力を奪うために中国が創造した概念（嘘）

である。

二〇一四年一月一日

地球温暖化の嘘で無駄な税金が使われている。この嘘を早く止めなくてはならない。地球は冷えている。

同年一月二十五日

NBCニュースは、今年は近年にない厳冬だと報じている。わが国はいつまで地球温暖化の嘘につき合って国費を無駄にするのか。

同年一月二十六日

CO_2悪玉説信奉者の語る異常気象の嘘は国民から税金を毟《むし》りとる方便である。地球を救うためと称して増税を正当化している。

メディアはトランプの「政治的に正しくない発言」に激しく反発した。ヒラリーもこれを利用しようとした。民主党指名受諾演説では早くも、「私は科学を信じる。気候変動は事実であり、クリーンエネルギー関連の仕事を増やしながらこの地球を救うことができる」と述べた。選挙キャンペーン公式ホームページでも、「二〇二五年までに二酸化炭素排出量を三〇%、二〇五〇年までに八〇%削減する」「六〇〇億ドルの予算を計上し、『クリーンエネルギーチャレンジ』キャンペーンを実施し、地方の州や町と連携して二酸化炭素削減をめざす」と訴えた。[*2] 彼女は科学を信じると言うが、三〇%あるいは八〇%の削減目標の数字に科学的根拠はない。耳障りの良い政治プロパガンダであった。

アメリカ大統領選挙戦では、両候補による直接のテレビ論戦が恒例になっている。二〇一六年は三度にわたって実施された（九月二十六日、十月九日、同十九日）。ヒラリーにとって、トランプの「反クリーンエネルギー」の訴えは、格好の攻撃材料のはずであった。上述のように、トランプ支持者でさえ、地球温暖化を信じているのである。しかし、なぜか彼女は、この問題を討論のメインテーマにしなかった。親ヒラリーの行司役（司会者、メディエーター）も、この問題について積極的には触れていない。

その理由は想像するしかないが、ヒラリー陣営も、地球温暖化議論には科学的裏付けが乏しいことを知っていたのではなかったか。議論すれば、理論武装したトランプにやり込められることを怖れたのであろう。一方のトランプは、自身の主張に自信はあったが、CO_2悪玉説を信じる支持者を前にして、「自説が正しいとしても」この段階で敢《あ》えて刺激する必要はないと考えたのであろう。

じつは、この時期に、「二酸化炭素削減政策」の愚かさを明確に否定する論文が発表されていた。トランプの主張の追い風になる説得力のある科学論文だった。「人類の二酸化炭素排出が地球の生存に及ぼすポジティブな効果」と題された論文は二〇一六年六月に発表された。[*3] 執筆者は、環境保護運動の先頭に立っていたパトリック・ムーアである。

ムーアはグリーンピース・カナダの共同創設者だったことからもわかるように、環境保護運動の過激派ともいえる人物だった。彼は、「地球温暖化はまったくのでっち上げ（fake）である。人びとの心に恐怖心を植え付け、人権と自由を制限するために捏造《ねつぞう》された代物である。それにグリーンピースも加担している始末だ」と言い切った。[*4]

パトリック・ムーア（1947年生〜）

ムーアの主張は、地球温暖化議論を超えた、より根源的なものだった。地球の生命体すべてが大気中の炭素（CO_2）に依存していることをあらためて指摘し、生命体の「食糧」であるCO_2が一定水準以下になれば、地球は死の星になると説いた。

彼の主張は明快である。現在の大気に存在するCO_2はわずか四〇〇ｐｐｍ（大気中の〇・〇四%）に過ぎない。植物が生存するために必要なCO_2の下限値は一五〇ppmである。ここまでくると植物は取り込む食糧（CO_2）が足らず「餓死」を始めるのである。[*5]

この地球に生物が爆発的な広がりを始めたのは、古生代カンブリア紀である。およそ五億四〇〇〇万年前から五億一〇〇〇万年前のことである。この時期に多くの多細胞生物が突如として現れた（カンブリア爆発）。この時期の大気中CO_2濃度は七〇〇〇ppmと推計されている。現在の一七倍である。つまり地球生命体にとって、現在の一七倍の食糧があったのである。古生代の終わるおよそ二億四六〇〇万年ごろには植物はCO_2を食べつくしていた。その結果、大気中の濃度は、現在とほぼ同じ四〇〇ppmにまで低下してしまった。これがそのまま続いていれば、生命維持の下限値一五〇ppmにまで下がり、地球は死の星になっていた。

濃度低下の原因は大量の樹木が倒れた後も、分解されなかったからである。樹木はセルロースとリグニン（木質素）を利用して、硬質の幹や枝を形成し、できるだけ太陽に近づこうとする。問題は、倒木後に、それまでに取り込んだCO_2（炭素）が固定化されたままとなり、大気中に循環しなかったことだった。この時代の微生物はまだ固いリグニンを分解する酵素を獲得していなかった。

「森の中で死んだ樹木は（分解されることなく）重なり合って厚い層を形成した。それが埋もれながら熱と圧力を受けて炭化していった[*6]」

幸いなことに、二億四六〇〇万年（中生代三畳紀）ごろから再びCO_2濃度が上昇し始めた。このころ微生物がリグニン分解酵素を獲得し、樹木内部に封じられた炭素を分解し始めた。その結果、大量の炭素がCO_2として大気中に還元を始めた。およそ二億年前（中生代ジュラ紀）にはCO_2濃度は二五〇〇ｐｐｍにまで回復した。こうして植物が再び繁茂し、それを食糧とする恐竜の時代に入る。

その後しばらくCO_2濃度は漸増傾向を見せたが、一億四六〇〇万年ごろ（中生代白亜紀）からほぼ一貫して減り続けている。北極圏の氷層のドリル調査で、一万八〇〇〇年前には一八〇ｐｐｍにまで下がっていたことが確認されている。もう少しで生物生存下限値の一五〇ｐｐｍに達していた。二酸化炭素は幸か不幸か水に溶けやすい。海水温度が下がれば空気中に放出されるCO_2は減少する。幸いなことに、地球が温暖化（CO_2以外の要因）したことで、海水に溶け込んでいたCO_2が大気に放出された。一万年前には二六〇ｐｐｍに、産業革命が始まるころには二八〇ｐｐｍに増加した。そして産業革命以降は、化石燃料（石炭、石油）の使用でようやく四〇〇ｐｐｍに戻ったのである。近未来の大気中のCO_2濃度は、人間の生産活動と、海水の温度に大きく左右される。

パトリック・ムーアは次のように結論付ける。

「次にやってくる氷河期において、海水温度の低下で）CO_2濃度が一八〇ppm以下になる恐れがあることだ。そうなった場合、人間の生産活動によるCO_2の排出で補わなくてはならない。そうすれば、氷河期においても農業生産がかろうじて維持できる程度のCO_2が確保できるかもしれない[*7]」

ムーアはさらに続けて、レポートの読者に自問すべきポイントを挙げている。

「植物の成長には一〇〇〇ppm以上のCO_2濃度が最適であり、地球の歴史のほとんどがそうした濃度の環境だった。現状では破滅的な気候変動はない。そうでありながら、CO_2は削減すべきだとの主張にいかなる根拠があるのか」

「人間の生産活動によるCO_2の排出がなくなった場合、CO_2が限界レベル（一五〇ppm）にまで下がる可能性がある。（CO_2悪玉説信者は）これを止めるシナリオをもっているのか。そこまで下がってしまえば、植物は餓死し、地球から生命が消える[*8]」

先にヒラリーが、「二〇二五年までに二酸化炭素排出量を三〇％、二〇五〇年までに八〇％削減する」「六〇〇億ドルの予算を計上し、『クリーンエネルギーチャレンジ』キャンペーンを実施する」と公約に挙げたことを書いた。そうであれば、ヒラリー（およびCO_2悪玉論者）は、CO_2

の最適濃度を示すべきであり、その根拠を科学的に説明する義務がある。CO_2濃度は、古来からずっといまより高く、生命は繁栄した。したがってムーアの主張するように、一〇〇〇ｐｐｍにまで上がっても何の問題もない。地球上の生命体はいまだに一八〇ｐｐｍ以下を経験していないし、そうなれば植物は餓死する。

政府が、CO_2削減を是とする研究ばかりに予算をつけず、ニュートラルな議論を許す環境ができれば、トランプ大統領のエネルギー政策（CO_2の増加は気にする必要がない）を支持する科学者は増える。

＊１：Trump Voters & Global Warming, Climate Change Communication and Center for Climate Change Communication, February 6, 2017

＊２：Brian Mastroianni, Where Trump and Clinton stand on Climate Change, CBS News, October 20, 2016 https://climatecommunication.yale.edu/publications/trump-voters-global-warming/

＊３：Patrick Moore, The Positive Impact of Human CO_2 Emissions on the Survival of Life on Earth, Frontier Centre, June 2016

＊４：Ethan Huff, Global Warming a total "hoax and scam" run by corrupt scientists, warns Greenpeace co-founder, Climate.News, March 15, 2019

＊５：The Positive Impact of Human CO_2 Emissions on the Survival of Life on Earth,p9

＊６：同右 , p10

＊7：同右, p19
＊8：同右, p20

FBI捜査の不可解　その一

五つの外国諜報機関がヒラリーのサーバーへハッキングしていた

ヒラリー・クリントンの私的サーバー利用による国家機密漏洩疑惑は、ベンガジ事件に端を発したことはすでに書いた。議会のベンガジ事件調査の過程で、本事件にかかわるヒラリーの指示書（メール）や、関係者とのメール交信の記録を、国務省は提出しなかった。ヒラリーは法律に決められた国務省サーバーを利用せず、自身の邸に設置したメールサーバーを使ってメールのやり取りをしていた。

国務省は、要求されているヒラリーの交信記録を出したくてもそれがなかったのである。ここまでの経緯は第三章（ヒラリー・クリントン機密漏洩問題の発覚：露呈した私的サーバー利用）で詳述した。

同章で書いたように、二〇一五年三月二日、ニューヨークタイムズ紙が、「ヒラリーが公務にHDR22@clintonemail.com のアドレスを使っていた」と報道した。その二日後にはＡＰ通信が、メール送受信用サーバーは、ヒラリーが偽名を使って自宅に設置したものだったと後を追った。

読者の便宜のために、二〇〇九年から一五年半ばまでの主な事件を時系列で示す。[*1] ヒラリーは、二〇一三年二月、体調不良で職を辞した。事件の連鎖を見れば、彼女がベンガジ事件を契機に、「外交の女王」の座から転がり落ちていったことがわかる。

二〇〇九年

一月十三日　clintonemail.com のドメインが取得される

一月二十一日　ワシントン上院、ヒラリーの国務長官指名を承認（二十日、オバマ政権発足）

三月十八日　ヒラリー、個人アドレスを使用して公務を始める

二〇一二年

九月十一日　ベンガジ事件

十一月七日　情報公開法に基づき、民間団体「JW」（Judicial Watch）がヒラリーのEメール公開請求

十二月一日　同じくCBSが公開請求

十二月十日　ヒラリー体調不良、北アフリカ（リビア）訪問中止

二〇一三年

一月七日　ヒラリー、公務復帰

一月二十三日　ヒラリー、ワシントン議会で宣誓証言

二月一日　ヒラリー、国務長官辞任
三月二十二日　グシファー（ルーマニアのハッカー、本名マルセル・リーヘル）、ヒラリーの交信相手のハッキングに成功。そこに国家機密が含まれていた
八月　ワシントン議会、ベンガジ事件国務省関係書類請求
十一月二十六日　国務省、すべての関連書類提出済と説明（後日虚偽と判明）

二〇一四年

五月八日　下院ベンガジ事件特別調査委員会正式発足（委員長：トレイ・ガウディ議員）
六月十三日　「JW」あらためて国務省にベンガジ事件およびヒラリー関連文書の開示要求
八月　国務省、初めてクリントンが送受信したプライベートEメール八通を公開
九月四日　「JW」、情報公開に応じない国務省を提訴
九月十七日　ベンガジ事件特別調査委員会、第一回ヒアリング
十二月　ベンガジ事件特別調査委員会、ホワイトハウスにベンガジ事件関連文書を請求
十二月五日　ヒラリー、三万四九〇通の公務を扱ったプライベートメールを国務省に提出、それ以外のプライベートメールを特殊な方法で消去

二〇一五年

一月二十七日　ベンガジ事件特別調査委員会、第三回ヒアリング
二月　ホワイトハウス　二六六頁のベンガジ事件関連文書提出

二月末　国務省、ベンガジ事件特別調査委員会に対し、ヒラリーは国務省のメルアドをもっていなかったと認める
三月二日　ニューヨークタイムズ紙、ヒラリーの違法行為の可能性を報じる
三月四日　AP通信、ヒラリーがニューヨークの自宅にメールサーバーを偽名で設置していたと報じる。ベンガジ事件特別調査委員会、ヒラリーのプライベートメールおよび国務省高官の関連メールを請求
三月十日　ヒラリー、プライベートメール使用について釈明
一　利便性があった
二　私用と公務を使い分けるのが面倒だった
三　プライベートメール（三万一〇〇〇通以上）については削除した
四　法は犯していない
五　彼女のアカウントにあったメール数は六万二三二〇通、公務関係三万四九〇通、私用三万一八三〇通だった
三月十一日　AP通信、国務省が情報公開請求に応じないとして提訴
四月十二日　ヒラリー、大統領選出馬表明

Eメールスキャンダル発覚後には体調を崩したヒラリーだったが、二〇一五年には大統領選出

馬を決めるほどに回復した。しかし、時系列が示すようにスキャンダルは一向に鎮静化せず、議会や民間団体の調査が続いていた。こうした動きに米国情報部門監察総監室（ＩＧＩＣ：Inspector General of the Intelligence Community）が加わった。この部局は情報部門の監察を統括するだけに、国家機密の漏洩に敏感だった。

二〇一五年七月、ＩＧＩＣは司法省に本案件についての調査を進めるよう正式に要請した。[*2] 後に明らかになるのだが、この時点で、ＩＧＩＣは（潜在）敵国が、ヒラリーのサーバーをハッキングしている事実を摑んでいた。

このことが公になったのは、二〇一八年八月二十七日のことである。報じたのは保守系ニュースサイトのデイリー・コーラーだった。当該記事によれば、ＩＧＩＣは二〇一五年初めに、クリントンのサーバーにハッキングの証拠を発見していた。サーバーには特殊なコードが埋め込まれ、ヒラリーの送受信するすべてのメールのコピーが第三者に自動的に送信されるよう仕組まれていた。送信先には、中国政府の諜報関連会社が指定されていた。ＩＧＩＣは具体的な会社名を摑んでいるが、公表していない。

「ワシントンＤＣ近郊にある中国系企業は、ヒラリー・クリントンのプライベートサーバーのハッキングに成功していた。彼女が国務長官であった全期間のすべてのメールが、当該会社にリアルタイムで盗まれていた」[*3]

常識的に考えれば、大スキャンダルに発展する事件だった。政権ナンバーツーの国務長官と大統領の間には頻繁な交信があったはずである。そこには当然、国家秘密がある。そうした情報のすべてを中国がリアルタイムで入手していたのである。ハッキングしていたのは中国だけではなかった。二〇一六年十一月、FBI関係者は、少なくとも五つの外国諜報機関がヒラリーのサーバーへのハッキングに成功していたと認めた。[*4]

本来であれば、リチャード・ニクソン大統領が失脚したウォーターゲート事件以上の混乱をアメリカの政界にもたらすはずであった。ウォーターゲート事件では、ニクソン大統領が政敵の民主党中枢の動きを盗聴した。たしかに大統領の行為は悪質ではあるが、アメリカの国家安全保障とは無関係である。ヒラリーの個人サーバーから国家機密が敵国に漏れていたEメールスキャンダルにくらべたら「たいしたことではなかった」。

IGICの要請を受けた司法省は、FBIに捜査を指示した。重大な案件だけに厳格な捜査が始まると誰もが期待した。

＊1：時系列は調査報道ジャーナリスト、シャリル・アトキソンのまとめに依った。
Sharyl Attkisson, Hillary Clinton's Email: the Definitive Timeline, November 6, 2016

https://sharylattkisson.com/2016/11/hillary-clintons-email-the-definitive-timeline/

＊2：Carol D. Leonnig , Rosalind S. Helderman and Tom Hamburger, FBI Looking into the Security of Hillary Clinton's private E-Mail setup, Washington Post, August 4, 2015

＊3：Richard Pollock, China Hacked Hillary Clinton's Email Server, The Daily Caller, August 27, 2018

＊4：Jim Hoft, FBI now 99% Certain at least 5 Foreign Agencies Hacked into Hillary's Server, Gateway Pundit, November 2, 2016

FBI捜査の不可解　その二

司法省とFBIに蔓延っていた親ヒラリー・反トランプ官僚

二〇一五年七月十日、IGICの要請を受けて、司法省はFBIにEメールスキャンダルの調査を命じた。[*1] 調査責任者はピーター・ストロークだった（防諜担当副部長補）。ところが、「FBI調査チームは、クリントン国務長官の個人サーバーに敵国が侵入していた可能性のある証拠を示されても、関心を示さなかった」のである（上院の聴き取り調査でのIGIC担当者証言[*2]）。

調査責任者ストロークは大のトランプ嫌いだった。そのことは、後に省内不倫の相手リサ・ページ（FBI省内弁護士）と交わされたメールから露見した。彼は捜査に偏り（党派性）を見せたことを理由に、二〇一八年八月、FBIを解雇されることになる。

ストロークは、反トランプである一方で、熱狂的なヒラリー支持者だった。彼は捜査を進めながら、共和党の予備選の動向を気にしていた。

トランプ候補がスーパーチューズデーを制した週のメールでは、「奴（トランプ）は間抜けな男だ。（トランプがこのまま予備選に勝利すれば）ヒラリーに有利になるのは間違いない」（二〇一五年三月四日）と喜んだ。ストロークは、表面上は「粛々」と捜査を進めた。四月五日にはヒラリーの信頼する秘書フーマ・アベディン、同月九日には、ヒラリー法律顧問シェリル・ミルズを取り調べた。

この時期の司法省とFBIの上級ポストは親ヒラリー派が独占していた。FBIの監督官庁である司法省の長官はロレッタ・リンチだった。彼女の出世は、一九九九年に、時の大統領ビル・クリントンによってニューヨーク州東部地区検察官に任命されたことから始まった。退任後の二〇〇二年三月からリンチは、ホーガン・ハートソン法律事務所に所属したが、この事務所は二〇〇二年から二〇一〇年にかけてクリントン家の法律顧問を務めた。同事務所のパートナーであるハワード・トパーズがクリントン夫妻の税務を担当した。[*3]

ピーター・ストローク（FBI防諜担当副部長補）、2018年8月、解雇された

「ホーガン・ハートソン法律事務所のクリントン夫妻の税務処理にリンチがかかわっていたかははっきりしない。もしかかわっていたのであれば、FBIがヒラリーの起訴を決めれば、

（彼女はこの事案からはずれるべきで）特別カウンセラーを任命し、その人物にこの事件を任せる必要があろう」（民間団体JWの責任者トム・フィットン）[*4]

リンチは、二〇一五年四月、司法長官に任命された。アメリカ史上最初の黒人女性長官の誕生だった。民主党のアイデンティティ・リベラリズムの象徴的人事だった。そして同時に、オバマ大統領の「配慮」を感じさせる人事でもあった。ヒラリーと繰り返しメールのやり取りをしていたオバマ大統領は、ヒラリーの個人サーバーの利用を知っていた。何としてでも、ヒラリーを起訴させてはならないと考えたオバマ大統領の思惑人事だったことは間違いない。

捜査を指示されたFBIのジェイムズ・コメイ長官もヒラリーとの濃密な利害関係があった。コメイ長官も、オバマ大統領によって任命されていた（二〇一三年九月）。彼は、生粋のキャリア官僚ではなかっただけに、上院の審査において、過去の雇用主がかかわる案件については、意思決定にはかかわらない（recuse）と宣誓していた。

コメイは、二〇〇三年十二月から、二〇〇五年八月まで司法省副長官（ブッシュ政権）を務めた後に、アメリカ防衛産業の雄ロッキード・マーティン（航空機開発）の副社長に就任した。職掌は顧問的立場で業務全般の統括だった。[*5]

彼が同社の期待に応えたであろうことは、退任した二〇一〇年の報酬が六〇〇万ドルを超えたことからも間違いなかろう。この年、同社はヒラリーが長官を務める国務省から一七の随意契約を獲得した。ロッキード・マーティンがクリントン財団の進めるグローバル・イニシアティブ計画のメンバーとなったのもこの年である。その後、コメイは香港上海銀行役員を経てFBI長官に指名された。

二〇一六年五月十六日、コメイ長官は、ヒラリーを起訴不相当とする司法省への報告書草案を作成した。ストロークによる、ヒラリーに対する直接尋問もまだなされていない時期である。コメイ長官は捜査終了前から不起訴を決めていた。

六月二十七日、ビル・クリントン元大統領はアリゾナ州フェニックスにいた。ヒラリーの選挙資金集めが目的の旅だった。彼は、公用機でフェニックス空港にやってくるリンチ長官を待った。リンチは、犯罪防止の自警団づくり案件で各地の関係者のあいだを巡っていた。午後七時、長官専用機は駐機場に入った。その場所を予《あらかじ》め知っていたかのように、ビルの専用機はそのわずか二〇メートルほどのところで待機していたのである。

＊1：FBIの捜査の時系列は以下の記事に依った。
Chuck Ross, A Definitive timeline of Strzok's texts and the Clinton-Trump-Russia investigations, The Daily Caller, December 14, 2017
＊2：ワシントン上院、金融および国土安全保障・政府問題委員会内部メモ。
Investigation of the DOJ's and FBI's Handling of the Clinton Investigation, August 14, 2

＊3、4：Jerome R.Corsi, Attorney General Loretta Lynch's Law Firm tied to Hillary Clinton, Global Research, March 28, 2016

＊5：コメイ長官とクリントン財団（クリントン夫妻）の関係については左記記事に依った。
Patrick Howley, Exposed: FBI Director James Comey's Clinton Foundation Connection, Breitbart, September 10, 2016

ヒラリー不起訴を決めた司法省とFBI

FBI捜査の不可解　その三

フェニックス空港にやってきた長官専用機にビルは乗り込んだ。近くにいた者は写真撮影も録音も禁じられたから、二人の振る舞いも会話の内容もよくわかっていない。後にインタビューを受けた二人の説明には食い違いがあった。ビルは、「たまたま現れたリンチ長官専用機を見て、あいさつでもしようと彼女に会った。孫のことやフェニックスでのゴルフのことなど他愛のない話をしただけだ」と説明した。一方のリンチ長官は、「突然に現れたビルに驚いた。立ち話ですぐに終わると思ったが、少し長い話になったので機内で座って話し込んだ。ビルとは、親しいと言える間柄ではなかった」と答えている。

リンチ長官の説明によれば、ビルはその日のゴルフのことだけでなく、フロリダ州オーランドの銃撃事件（六月十二日に起きた同市内ゲイクラブでの銃乱射事件）や英国BREXIT問題、あるいはジャネット・レノ元司法長官の健康問題（クリントン政権の女性司法長官、二〇一六年十一月七日パーキンソン病の悪化で死去）が話題だったらしい。

Eメールスキャンダル調査の成り行きを国民が注視していた時期である。二人の会話がいかなるものであったとしても、リンチ長官はビル・クリントンと二人だけで会ってはならなかった。ヒラリーが起訴されれば、その時点でヒラリーの大統領の芽は消える。二人の会話はおよそ二十分続いた。[*1]

二人の「偶然の」邂逅《かいこう》は予め仕組まれていたらしい。フェニックスの地方テレビ局のレポーター、クリストファー・シンが、この邂逅を嗅ぎつけて二日後に報道した。常識的にあり得ない二人の密室会談が暴露されたことに、司法省はパニックに陥った。省内Eメールの交信記録は公開されてはいるが、そのほとんどが黒塗りにされている。およそ一〇人の司法省高官が、あたふたとメディア対策を打ち合わせていたことがわかっている。[*2]

この事件から六日後の七月二日、FBIはヒラリーを三時間半にわたって尋問した。担当したのは前述のストロークと省内弁護士のデイヴィッド・ロウフマンだった。このわずか三日後(七月五日)、コメイFBI長官は、司法省に対して、ヒラリーを不起訴相当にしたいと上申した。コメイは、「たしかに情報漏洩はあったが、それは意図的なものではなく、『ひどくうかつだった(extremely careless)』に過ぎない」と説明した。

コメイは、ヒラリーを起訴しないとする草案を早い段階で書き上げていたと書いた。草案に使われていた「重大な過失(grossly negligent)」という法律用語を、「うかつ(careless)」という非法律用語に変えさせたのはストロークだった。[*3] 重大過失による罪に問われないための配慮だった。

リンチ長官は、早くからFBIの判断を尊重すると発言していただけに、ヒラリーの不起訴が決まった。ヒラリーの犯罪は「うかつだった」で済まされた。

FBIの「手際良い」判断は、ビル・クリントンとリンチ長官の密室会談報道の余韻《よいん》冷めやらぬ時期に発表された。国民の司法への不信は一気に高まった。トランプ候補も憤った。その思いをツイッターで語った。

「この国のシステム（司法制度）は（何者かに）操作されている。デイヴィッド・ペトレイアス将軍は、（ヒラリーとは）比べものにならないほどの軽い罪で起訴されている。（FBIの判断は）実にアンフェアである」（七月五日）

「FBI長官は、『腹黒ヒラリー（crooked Hillary）は、国家機密を漏洩したが、起訴しない』と決めた。我が国の司法は狂っている」（同日）[*4]

メインストリームメディアは当然のように「冷静」だったが、ソーシャルメディアには憤懣の声が響いた。

「『Eメールスキャンダルでの噂はすべて真実でした。でもわれわれは女王様（ヒラリー）を起訴しません』ということか。コメイは支離滅裂だ！」（RBPundit、七月五日）[*5]

ソーシャルメディアが憤ったのは、ヒラリー不起訴決定までは、米国司法が国家機密漏洩事件にはきわめて厳しく対処していたからである。

トランプが、ツイッターで触れたデイヴィッド・ペトレイアス将軍は、元ＣＩＡ長官であった（任期：二〇一一年九月〜一二年十一月）。彼は、作家ポーラ・ブロードウェルと不倫関係にあった（ダブル不倫）。二十年以上陸軍にいたブロードウェルは、愛人（ペトレイアス将軍）の伝記執筆を決めた。それに本人が協力し、そのネタ提供のために、八冊のノートを彼女に提供した。そこに、多くの国家機密が含まれていた。彼に下された司法判断（二〇一五年四月）は、執行猶予二年、罰金一〇万ドルであった。

ヒラリーは七月末の民主党全国大会で、民主党大統領候補として正式に選出された。刑事被告人が大統領候補という前代未聞の事態を民主党は避けることができた。ストロークは、「ようやく彼女が大統領候補に決定した。これからは良いことばかりが起きる」[*6]と喜んだ。

＊1：Richard Ruelas, Report details Sky Harbor meeting between Clinton and Lynch, Arizona Republic, June 14 2018
＊2：Christopher Sign, Documents show Loretta Lynch prepped with talking points about Phoenix meeting,

WCPO, August 09, 2017

＊３：A Definitive timeline od Strzok's texts and the Clinton-Trump-Russia investigations

＊４、５：John Binder, Reaction to FBI's announcement on Hillary comes in fast & furious with Trump leading the charge, BPR, July 5 2016

＊６：A Definitive timeline of Strzok's texts and the Clinton-Trump-Russia investigations,

第6章

溶ける民主党

バイアスの続くメディアとヒラリー陣営のあせり

党の正式候補に決まったヒラリーとトランプの第一回討論は九月二十六日（会場：ホフストラ大学、ニューヨーク州ロングアイランド）に行なわれた。「討論の時間は九十分、六つのテーマについて候補者それぞれが考え方を述べる。相手に対する質問は許されない」というルールだった。行司役（メディエーター）は、レスター・ホルト（NBCニュース）だった。

筆者はこの討論をリアルタイムで「観戦」していたが、ヒラリーが上手だった。上品で、ルールに従う洗練された政治家のイメージを見せた。ただし、相手への質問が許されないルールであり、真の意味での討論ではなかった。トランプは苛立ち、ヒラリーのしゃべりの最中に何度も短いコメントを発した。これが観る者に未熟さを感じさせた。ヒラリーも短い反論を試みることはあったが、トランプの五一回に対して一七回と少なかった。[*1]

トランプは、行司役ホルトの親ヒラリーの姿勢にも苛立った。選ばれた六つのテーマには、ベンガジ事件（アラブの春外交）もEメールスキャンダル（国家機密漏洩疑惑）もクリントン財団の

「迂回買収」疑惑も取り上げられていなかった。どれも大統領としての資質が問われる案件でありながらスルーされた。この三点がテーマにならない以上、ヒラリーは余裕をもってトランプに対峙できた。ホルトはトランプのしゃべりを何度も遮《さえぎ》り、執拗に彼の税務処理にかかわる質問を繰り返した。第一回討論の「勝者」はヒラリーだった。

この日、トランプは次のようにツイートした。

「Eメールスキャンダル、腐敗にまみれたクリントン財団、ベンガジ事件。どれも話題にされなかった。それが今日の討論の本質だ[*2]」

メインストリームメディアもトランプ本人も第一回討論はヒラリーの勝ちだったと認めた。しかし、有権者の反応は違った。討論スキルに未熟さを見せたトランプへの支援が広がったのである。討論終了後の二十四時間で、共和党への献金が一八〇〇万ドルにも上った。一日の献金額としては最高額だった[*3]。

民主党首脳も、ヒラリーへの支持が広がらない状況に気付いていた。オバマを生んだ四年前の熱狂はどこにもなかった。アフリカ系（黒人）有権者は相変わらずトランプを好いてはいなかったが、だからといって積極的にヒラリーを支持する訳でもなかった。ヒラリーは信用できない政治家との思いが民主党支持者の中にもじわじわと広がっていた。

大統領選挙では、支持政党の色分けがはっきりしていて選挙結果が予めわかっている州が多いが、拮抗しているスイングステイト（激戦州）と呼ばれる州もある。その帰趨が大統領選挙の結果を左右する。中でも選挙人数の多いフロリダ州は激戦地となる。民主党がこの州を制するには黒人有権者の投票率を上げる必要があった。しかし、彼らのあいだには白けたムードが漂い、民主党関係者を不安にさせていた。黒人有権者の投票率が下がる気配があった。[*4]

民主党支持者の中の社会主義者や過激環境保護主義者はバーニー・サンダースを推した。彼らも、バーニーが敗れたからといってヒラリーに投票するというムードにはならなかった。彼らはより過激な主張を繰り返していたジル・スタイン（緑の党）を選びそうだった。民主党は、パニックモードに入っていた。

民主党選挙関係者の警戒ムードをよそに、メインストリームメディアは、相変わらず親ヒラリー、反トランプの報道を続けていた。世論調査ではヒラリーがつねに三％から四％リードしていた。テレビに登場するニュースアンカーは、五九対二一の割合で相変わらず親ヒラリーのコメントを繰り広げていた。彼らは、「レイシスト」「ナチス」「女性蔑視」「外国人嫌い」のレッテルを貼りトランプを蔑んだ。[*5]

十月九日、第二回討論がワシントン大学（ミズーリ州セントルイス）で行なわれた。前回と同様に全体で九十分の討論だったが、進行方法は違った。前半は行司役（アンダーソン・クーパー〈CNN〉、マーサ・ラダーツ〈ABC〉）が用意した質問に二人の候補者が答える。回答の持ち時間は二分である。行司役がいかなる質問を用意したかは事前には伏せられているので、両候補者の真のディベート力が試される。後半の四十五分は、聴衆からの質疑応答に充てられていた。この日の行司役も親ヒラリーであることは誰の目にも明らかだった。[*6]

討論が終わると、ジャーナリストからその偏向ぶりに厳しい批判があった。

「アンダーソン・クーパーとマーサ・ラダーツは恥を知れ。あんな司会はない」（アンディ・P・プールトン）

「僕がトランプを応援することはこれからもない。しかし、彼がしゃべる（回答する）のを遮るようなことをしては駄目だ。マーサ・ラダーツは恥を知るべきだ」（ブリション・ボンド）

明らかにバイアスのかかった司会（行司）ぶりだったが、ラダーツが第一回討論でスルーされたEメールスキャンダルについて触れた点だけは評価できた。[*7]

「FBIは、あなたの（プライベートサーバーを通じた）メールの一一〇通に国家機密が含まれており、その中の八通は極秘情報に属するものだと報告しています。敵国にこれが渡った可能性があります。『ひどくうかつだった』では済まされないのではないですか？」（ラダーツ）

「何度も言いますが、プライベートサーバーを使ったことに責任を感じています。言い訳はしませんし、二度とこういうことはしません。ただ重要な点は、国家機密が敵の手に渡ったという（具体的な）証拠はないのです」（ヒラリー）

これにトランプは黙っていなかった。

「ヒラリーはまた嘘をついている。彼女は自身のＥメールの取り扱いは適正だと主張する。（中略）しかし（彼女は）三万九〇〇〇通ものメールを消去したのだ。（ＦＢＩの）文書提出命令が（消去したメールに対して）出ているにもかかわらずだ。一般人がそんなことをすればたちまち刑務所行きだ」（トランプ）

この問題はさらにヒートアップした。

「私がこの選挙に勝てば、特別検察官を指名し、この問題を（あらためて）捜査させる。彼女のついた嘘はあまりに多い。世の中には、ヒラリーのしでかした五分の一程度の罪で（刑を受け）生活が破壊された人がいるのだ」（トランプ）

「ドナルド・トランプのような（野蛮な）気性の人間がわが国の司法を預かっていなくてよかったわ」（ヒラリー）

「私が大統領になればあなたは牢屋行きになるからね」（トランプ）

ヒラリーは、防戦ばかりではなかった。トランプと副大統領候補ペンスとの対中東外交の意見の不一致を責めた。トランプがシリア・アサド政権のレジームチェンジに消極的な一方で、ペンスは前向きであると指摘した。トランプは「この案件ではまだすり合わせをしていないし、彼の主張には同意できない」といなした。

メインストリームメディアは、この回もヒラリーが勝ったと報じたが、ソーシャルネットワーク上では、トランプ圧勝との意見が目立った。[*8]

＊1、2：Brodigan, Top 5 Lester Holt Hillary-Shilling Moments, Lowder with Crowder, September 27, 2016
＊3、4：Dave Andrusko, Clinton, Trump, and the impact of Media bias on the 2016 election, NRL News Today, September 28 2016
＊5：Liberal Media are Second Biggest Loser of Election 2016-They Cheated and Got Caught, The Watch Dog, December 2016
＊6：Chris Pandolfo, Martha Raddatz is the worst moderator of all time, Conservative Review, October 9, 2016
＊7：Jenni Roivainen, polarizing strategies used by the presidential candidates hillary clinton and donald trump in the united states presidential debates of 2016, Master's Thesis, University of Oulu, Autum 2017, p47
＊8：Kaitlan Collins, Here's Who Won The Debate, According to The Internet, Daily Caller, October 9, 2016

第三回討論と再開されたFBI捜査

第三回討論は十月十九日、ラスベガス（ネバダ大学）で開催された。メディエーター（行司役）はクリス・ウォレス（FOXニュース）だった。時間は九十分。ウォレスが用意した六つの質問にそれぞれの候補者が回答した後、討論を続ける形式だった。候補者間の直接のやりとりでヒートアップする場面が期待できた。投票日（十一月八日）までおよそ三週間足らずの時期であり、最後の討論となる。

このころの世論調査でもヒラリー優位が続いていた。リアル・クリア・ポリティクスの調査（十月十二日から二十二日）では五・八％[*1]、親ヒラリーメディアの象徴であるCNN（十月二十日から二十三日）では五％[*2]。ヒラリー支持を鮮明にしているABCの調査では一二％ものリードがあった[*3]。複数の選挙予想サイトが、ヒラリーの当選確率は九〇％だと報じていた（UpShot: 九三％、Fivethirtyeight: 八五・九％、Predictwise: 九一％[*4]）。

このころ、筆者の元にはアメリカの知人から、「大手メディアの世論調査に騙されるな」というメールが届いた。たしかに、ヒラリーの圧倒的優位の報道には首を傾げざるを得なかった。全米各地で開かれるトランプの演説会場には、相変わらず万単位の支援者が押しかけ会場に収容しきれない事態が続いていた。ヒラリーの会場には熱気はなく、ほとんどの場合数千単位の聴衆であった。

第三回討論でも、どちらの候補者もノックアウトパンチは出せなかったが、ヒラリーはなぜかしきりに、トランプとプーチン大統領の関係を問題にする発言を繰り返した。トランプは、ヒラリー（オバマ政権）の中東外交を批判した。NATOを東進させロシアをむやみに刺激していると詰《なじ》った。トランプは、ネオコンのロシア封じ込め外交に批判的であり、プーチンとは折り合いをつけるべきだと主張した。

言うまでもなく、アサド政権（シリア）のレジームチェンジなど考えてはいなかった。ヒラリーは、そのことが許せなかったのか、具体的な外交方針について語ることなく、不可解な批判を始めた。

「（前略）わが国の一七の情報機関が揃って、プーチンがこの選挙に介入しているとしている。今夜はっきりさせておくべきなのは、ドナルド・トランプは、その事実を認め、プーチンのそのようなやり方を批判するかどうかです。彼（プーチン）の助けを借りないことを明言しなくてはなりません。ロシアの諜報工作活動にははっきりとノーと言わなくてはならない。トランプ候補

は、彼らの諜報活動を煽ってきたところがある（後略）」（ヒラリー）
「僕はプーチンのことはよく知らない。彼が私に好意的であることは事実だ。しかし、ロシアとわが国がうまくやれればそれで良いではないか。両国で協力してISISを駆逐《くちく》すればよい。言っておくが、プーチンは彼女（ヒラリー）に敬意を払っていない（信頼していない）。オバマ大統領に対してもだ」（トランプ）
（中略）
「彼（トランプ）は、わが国の軍や諜報機関よりもプーチンを信用する男です」（ヒラリー）
「彼女（ヒラリー）は、プーチンが嫌いなようだ。彼の外交はいつも彼女の上を行っていた。対シリア外交でもそうだ」（トランプ）

ヒラリーが、なぜここまでプーチンとトランプの良好に見える関係を問題視したのか不可解だった。後日わかってくるのだが、ヒラリーは、万が一選挙に敗北した場合をすでに想定し、次の手を打っていたのである。

「トランプはロシア（プーチン）と共謀して選挙を戦っていた。彼は外国のエージェントである。したがって大統領の資格はない（弾劾されなくてはならない）」という仕掛けを準備していた。この問題は、ヒラリー（民主党）の狙いどおりトランプ当選後も彼を悩ませた（後述）。こうして最後の討論会が終了した。

十月に入ってから、ウィキリークス（ジュリアン・アサンジ）が、クリントン選挙キャンペーン委員会委員長のジョン・ポデスタのメールを暴露していた。そのなかに、二〇一五年十二月に発生したサンバーナーディーノ銃乱射事件（カリフォルニア州）への彼のコメントがあった。ポデスタは、「犯人が白人でなくて残念だった」と書いていた。犯人はイスラム過激派（ISIL）に心酔したパキスタン系米人で、ヒラリーの中東外交の失敗を象徴する事件となっていた。ポデスタは、犯人が白人であれば、アメリカ社会における「白人至上主義」の危険性を訴え、白人レイシストの代表がトランプであると攻撃できると考えていた。典型的な民主党的発想だった。

ヒラリーが、先の討論でトランプとロシアの関係をしきりに問題にしたと書いた。彼女は、ウィキリークスに、民主党に不利になる情報を流しているのはロシアであると言いたかったのである。

投票日も差し迫った十月二十八日、ヒラリー陣営を震撼させる新たな動きがあった。Eメールスキャンダルの捜査を終了したはずのFBIが、捜査再開を発表したのである。

ヒラリーの秘書役フーマ・アベディンは、ヒラリーのファーストレディ時代から仕えていた。フーマはヒラリーに意見することはなく、忠僕の立場を貫いていた。ゴシップ記事で有名なナショナル・インクワイアラー紙が、同性愛疑惑を報じるほどに二人の仲は濃密だった。[*5] ヒラリーが、プライベートにかかわるメールを三万通以上消去したのは、それを示す内容が含まれていたからではなかったか、とも噂された。

フーマの夫は、アンソニー・ウィーナー（元下院議員：ニューヨーク州民主党）だった。この男は、未成年を含む複数の女性に対して、自身のわいせつな画像をメールで送りつける不法行為を犯していた。ニューヨーク市長の座を狙うほどの政治家だったが、それが原因で失脚した。捜査の過程で彼とフーマが共同で使用していたコンピューターが押収された。

その中に、ヒラリーの発したEメールが大量に保存されていた。十月二十八日、コメイFBI長官は、その事実をワシントン議会に報告した。それが捜査再開の原因だった。FBI関係者は、その数は六五万通にもなること、クリントン財団の不正にかかわる情報も含まれている可能性があると漏らした。[*6]

フーマ・アベディン（1976年生～）

捜査再開は民主党陣営には痛手だった。親ヒラリー官僚が封じ込めたEメールスキャンダルが投票日直前に再燃した。国民は起訴される可能性のある候補者に投票してよいのか悩んだ。民主党には「幸い」なことに、投票日の二日前（十一月六日）、コメイが、「押収されたコンピューターに保存されたEメールを精査した。ヒラリーの送受信したすべてのメールを調べたが、ヒラリー不起訴の決定を覆すものはなかった」と発表した。しかし、多くの国民がこの説明を額面どおりには受け取らなかった。「六五万通のメールをこれほど短時間で精査できるはずはない。投票日前にヒラリーへの疑念を晴らしたいという政治的思惑が働いている」と疑った。

この時期にも、複数の世論調査がヒラリー有利の調査結果を発表していた。複数の調査を平均すると、三％程度のリードがあった。[*7] しかし、英国のガーディアン紙が、「調査再開でヒラリーは敗北するか？」（十月三十一日付）と報じたように、トランプ勝利を示唆するメディアも出ていた。

＊1：2016 Presidential Polls Latest
https://heavy.com/news/2016/10/clinton-vs-trump-2016-presidential-polls-latest-national-hillary-new-battleground-states-swing/

＊2：CNN/ORC Poll October 24, 2016
http://i2.cdn.turner.com/cnn/2016/images/10/24/cnn.poll.pdf

＊3：ABC Newspoll October 23, 2016
https://www.langerresearch.com/wp-content/uploads/1184a12016ElectionTrackingNo1.pdf

＊４：2016 Presidential Polls Latest
＊５：Exclusive:Hillary Clinton Lesbian Lovers named in secret Emails, National Enquirer, April 15, 2015
＊６：Hillary's Email: the Definitive Timeline, November 6, 2016
＊７：Real Clear Politics
https://www.realclearpolitics.com/epolls/2016/president/us/general_election_trump_vs_clinton_vs_johnson_vs_stein-5952.html

ヒラリー敗北

アメリカの大統領選挙は、各州に人口比で割り当てられた選挙人の奪い合いである。制した州の選挙人は総取りとなる。選挙人総数が五三八なので、二七〇が過半数となる。勝敗の帰趨は、スイングステイトをどれだけ制するかにかかっている。とりわけフロリダ州（選挙人数二九）、ミシガン州（同一六）、ペンシルバニア州（同二〇）、ノースカロライナ州（同一五）、オハイオ州（同一八）が重視されていた。

選挙戦最終日のトランプはサラソタ（フロリダ州）、ラーレイ（ノースカロライナ州）、スクラントン（ペンシルバニア州）、マンチェスター（ニューハンプシャー州）、グランドラピッド（ミシガン州）を周った。地元のニューヨーク市に戻ったのは日付の変わった午前一時五十分のことだった。

一方のヒラリーも、スイングステイトばかりを駆け抜けた。地元のニューヨークからピッツバーグ（ペンシルバニア州）、グランドラピッド、アレンデール（ミシガン州）、フィラデルフィア

（ペンシルバニア州）、ラーレイと周り、翌朝午前二時八分に、ニューヨーク（ウィンチェスター）に戻った。十一月八日夜、投票の結果は東部諸州から次第に判明し、[*1]獲得した選挙人数は刻々と明らかになっていった。

シーソー状態が続いたが、トランプ勝利がほぼ確実になったのは日が替わった午前零時（九日）のことである。接戦が続いていたフロリダ州（選挙人二九）をトランプが制した。

マンハッタンのヒルトン・マリオットホテルに陣取り、成り行きを見守っていたトランプ陣営は、フロリダ州を制したことで勝利を確信し、会場は興奮のるつぼと化した。一方のヒラリー陣営は、同ホテルから三キロメートルほどの距離にあるジャヴィッツ会議場に陣取っていたが、誰もが不安げであり、中には敗北を感じ取って会場から姿を消す者もいた。ヒラリーは、開票の模様を伝える報道番組を、ペニンスラホテル（マンハッタン）の最上階の部屋で観ていた。夫のビル、ジョン・ポデスタ、シェリル・ミルズらの顔もあった。オバマ大統領がヒラリーに電話を入れたのは午前三時を少し回ったころだった。ウィスコンシン州での敗北も決まり一縷《いちる》の望みも消えていた。彼は、ヒラリーにそろそろ敗北宣言すべきだろうと伝えた。はた目には冷静だったヒラリーも、このときには感情をコントロールできず、まだその気持ちになれないと抵抗した。[*2]

獲得した選挙人数の推移（2016年11月8～9日）　※東部時間

	午後8時	午後9時	午後11時	深夜0時（9日）	午前7時（9日）
トランプ	66	137	172	244	278
ヒラリー	75	104	209	209	218

しばらくすると、ウィスコンシン州に続いてペンシルバニア州での敗北も決定し、AP通信がトランプ当選を報じた。トランプが過半数二七〇を獲得したのである。ここにきてヒラリーも覚悟を決めた。

トランプ陣営のケリアン・コンウェイ（広報担当）がフーマ・アベディンからの電話をとったのは、午前三時半ごろだった。ケリアンはその電話をトランプに渡した。

「ヒラリーはフーマから電話を渡された。ヒラリーは作り笑いを浮かべ、『おめでとう。ドナルド』と伝えた。身体全体から湧き出す怒りを抑えているようだった。（中略）トランプは彼女の戦いぶりを称えた。わずか一分ほどの会話だった[*3]」

ヒラリーと同じように憤りを隠せなかったのは、メインストリームメディアのアンカーたちであり、フェミニスト運動家であった。ヒラリーの敗北以降、民主党は激しく左傾化する。それが、民主党がリベラル中道層を失い、「溶けていく」原因となった。ヒラリー敗北を受けて、悔しさを隠し切れないフェミニストの文章がある[*4]。

「ヒラリー・クリントンは女性の地位向上のために戦う闘士だ。彼女に、女性をホワイトハウスに送り込みたい私たちは勇気づけられた。支持者はみな進歩主義であり、女性に優しい政策を願う者ばかりだった。しかし、トランプ支持者の厚い壁があった。彼を支持したのは、高等教育を受けていない白人の男たちだった」（傍点筆者）

「トランプの選挙スローガンは、アメリカの悪しき時代を思い浮かべさせた。女性や少数弱者が制度的に差別されていた時代への回帰である。トランプは、人種差別や外国人排斥のメッセージを連発したのである」（傍点筆者）

「トランプは、外交の基本にも憲法にも無知である。ヒラリーは、政策の細かい点までわかっていた」

ヒラリー支持層は、彼女のレジームチェンジも辞さないというアグレッシブな外交（ネオコン外交）にも、国家機密漏洩疑惑にも、そしてクリントン財団による迂回買収疑惑にも関心がなかった。「女性が嫌いで、外国人が嫌いで、同性愛者が嫌いな無教養な白人男性にヒラリーは敗れた。二〇二〇年の大統領選挙に勝利するには、トランプを徹底的に糾弾し、戦いを先鋭化させねばならない」と考えた。

この戦術は功を奏さなかった（後述）。彼らはトランプ勝利の理由を単純化しすぎた。アメリ

沈み込むヒラリー支持者

カの将来を民主党には託せなかった有権者の真の思いを理解できなかった。

「ヒラリーが大統領になれば中東で必ず戦争をやる。トランプであればその可能性は断然に少ない」

「トランプは、民主党やヒラリーからの『女性差別』の糾弾によく耐えてきた（黙るのではなくしっかり反論した）。一方のヒラリーは、疑惑から逃げてばかりだった」

どちらもトランプに投票した民主党支持者の声である。[*5] 民主党は、こうした声を汲むことなく、新大統領ドナルド・トランプの「悪魔化」プロパガンダを開始した。ヒラリー敗戦で「恥をかいた」メインストリームメディアも唱和した。

＊1：2016 Election Night Events Timeline
https://uselectionatlas.org/INFORMATION/ARTICLES/ElectionNight2016/pe2016elecnighttime.php

＊2、3：Ariel Zibler, How Hillary realized she'd lost, The Daily Mail, May 1, 2017

＊4：Rebecca Ruiz, Hillary Clinton's devastating loss spells heartbreak for women everywhere, Mashable, November 09, 2016

＊5：Stewart Lawrence, Mainstream Media does an About-Face on Clinton's Election Loss, December 29, 2016

ヒラリーの創作したロシアゲート

トランプ「悪魔化」プロパガンダは、ロシアゲートから始まった。「トランプが勝利したのは、大統領選挙にロシア（プーチン）が介入していたからだ。トランプはプーチンの傀儡《かいらい》である。その証拠はある。トランプは弾劾されなくてはならない」。これが民主党の主張だった。

トランプは、勝利が確定すると、ヒラリーの国家機密漏洩疑惑についてもクリントン財団を巡る疑惑も追及しないと決めた（CBSインタビュー、十一月十三日）。新政権のスムーズな運営のためには妥協も必要だ。かつては自身の結婚式にも招待した仲である。それが大人の態度だと考えた。しかし、民主党は大人ではなかった。

民主党の激しい左傾化は、新政権との妥協を不可能にしていた。彼らはトランプを追い込められそうな（弾劾できそうな）材料をもっていた。それは、ヒラリー陣営がフージョンGPS社なる政治問題調査会社を使って、トランプとプーチンの「怪しい」関係を「暴いた」調査報告書であった。

作成者が元英国諜報員（MI6）クリストファー・スチールだったことからスチール文書と呼ばれている。彼にはフュージョンGPS社から一六万八〇〇〇ドルが渡っていた。スチールが、報告書を書き上げたのは六月二十日ごろのことである。「トランプはクレムリンの『工作員』である。ロシアのスパイ組織が、ヒラリーに不利になる情報をトランプ陣営に提供している」と書かれていた。[*1]

二〇一六年も押し詰まった十二月二十九日、デイヴィッド・クレイマーなる男が、バズフィード社（インターネットニュース配信）のレポーター、ケン・ベンシンガーと会っていた。クレイマーは、どこからか入手したスチール文書をベンシンガーに提供した（このことが明らかになったのは二〇一八年十二月）。

クレイマーは、短期間だが国務省国務次官補（二〇〇八〜〇九年）を務め、このころはマケイン研究所の幹部だった。同研究所は、二〇〇八年に共和党大統領候補だったジョン・マケイン上院議員を記念するシンクタンクだった。マケインは、共和党内ネオコンとしてよく知られる政治家であり、ヒラリー外交を支持していた。対ロ協調外交に切り替えるだろうトランプ次期大統領を嫌う共和党内ネオコンが、民主党（ヒラリー陣営）のトランプ追い落とし工作に加担していた。

FBIもこの文書を入手していた。コメイFBI長官が、まもなく新大統領となるトランプに、その内容をブリーフィングしたのは年が明けた二〇一七年一月六日のことである。この四日後、バズフィード社はスチール文書を公開した。

このときトランプは、民主党は選挙結果を受け入れないこと、翌月から始まる新政権は民主党の徹底的妨害に遭うことを覚悟した。ヒラリーの国家機密漏洩疑惑もクリントン財団を巡る疑惑も追及しないと早々に発言したことが「政治的にナイーブ過ぎた」ことを悟った。選挙結果を受け入れたくない民主党は、スチール文書を手にして、「ロシアのエージェントであるトランプには大統領の資格はない。弾劾すべきだ」と勢いづいていた。

後に明らかになるのだが、司法省とFBIはスチール文書の存在を早い時期から知っていた。ブルース・オー司法省副長官補は二〇一六年九月にはスチールと接触を始めていた。[*2] スチール文書の内容は怪しく、現在ではそれが創作であることがわかっている。それでも、親ヒラリー官僚の支配する司法省は、内容に信憑性があるとして外国諜報監視法（FISA：Foreign Intelligence Surveillance Act）の適用を裁判所に要請し、許可を得た。許可があれば、合法的に誰であっても監視が許された。

まずターゲットとされたのはトランプの外交アドバイザーであるカーター・ペイジだった。ペイジこそがロシアと接触しているエージェントだという見立てで盗聴が始まった。コメイ長官の一月六日のトランプへのブリーフィングでは、このことは伏せられていた。要するに、秘密裏にトランプおよびその周辺の人物の監視盗聴が始まったのである。

二〇一七年一月十日のバズフィードによるスチール文書全文の公開で、民主党は色めき立った。五月十七日、司法省は特別顧問官を任命し、ロシアによる大統領選挙介入疑惑捜査を開始した。特別顧問官には元ＦＢＩ長官ロバート・ミュラーが任命された。結論を先に書いてしまえば、調査はおよそ二年間にわたって続き、二〇一九年三月二十二日、ロシアとトランプの共同謀議はなかったと結論付けた。

ミュラー調査委員会はトランプ嫌いの捜査官に調査を委《ゆだ》ねた。ミュラーの右腕になったアンドリュー・ワイズマンは、司法省の詐欺罪担当セクションにいた人物だが、彼は徹頭徹尾親民主党だった。ニューヨークタイムズ紙がミュラーの「嚙ませ犬」と評するほどにトランプ陣営の人物にプレッシャーをかけ、トランプに不利な証言を引き出そうとした。彼には、オバマおよびクリントンへの計六六〇〇ドルの献金履歴があることからわかるように、民主党が好きだった。十一月八日の選挙日の夜には、ヒラリー大統領誕生を祝う（はずの）パーティに参加していた。[*3]

民主党は、ミュラー調査委員会が「トランプとロシアが共謀して二〇一六年選挙に介入した」と結論付けることを二年間にわたって期待し続けた。必ず弾劾すると息巻き、メインストリームメディアも唱和した。だからこそ、トランプ新政権とはいっさいの妥協を拒み、何もかも反対に回ったのだった。

＊1：A Definitive timeline of Strzok's texts and the Clinton-Trump-Russia investigations
＊2：Gregg Re Catherine Herridge, FBI kept using Steele dossier for FISA applications despite documenting ex-

spy's bias, documents show, Fox News, August 9, 2019

＊3：Alex Pfeiffer, Mueller's 'Pit Bull' Attended Clinton's Election Night Party, Daily Caller, December 8, 2017

成功するトランプ政治

大統領弾劾をめざす民主党は、ミュラー調査委員会の報告書が出るまでは、トランプ政権の外交内政のすべてに反対せざるを得なくなった。前節で書いたように、報告書が発表されたのは二〇一九年三月二十二日だったから、それまでの民主党は、（ハードルのきわめて高い）大統領弾劾をめざす政治を進めた。

二〇一七年末、ラスムッセン・レポート社（世論調査会社）が、トランプ政権一年目の評価レポートを出した。[*1] 大統領就任当初は普通ならご祝儀政治（野党とのハネムーン期）となる。しばらくは、新大統領の門出を祝って、政権運営に野党も協力するのが伝統だった。しかし、トランプ政権にはその「贅沢」が許されなかった。

トランプの公約に「ワシントンの泥を浚《さら》う（Drain the swamp!）」があった。トランプ支持者は、政官財のトライアングル腐敗に気付いていたからこそトランプに期待した。彼がホワイトハウスの住人になれば、ワシントンに巣くうエスタブリッシュメントから総スカンを食うことは誰にも予想できた。

トランプは、心変わりしなかった。支持者はそれが嬉しかった。ミュラー調査委員会の捜査が続いていながら、彼は公約実現に邁進《まいしん》した。ラスムッセン・レポート社は驚きを込めながら、政権初年度の実績を評価した。以下が同社の「通信簿」の要点である。

メキシコからの不法移民を防ぐ国境壁の建設はトランプの選挙公約だった。民主党もかつては壁建設に積極的であったが、トランプがそれを主張すると反対に回った。ためにする反対であった。トランプの主張は、「ルールに従ってやってくる移民は歓迎だが、不法移民は拒否する」という真っ当なものだったが、民主党は意図的に単純な「外国人嫌い」にすり替えた。

不法移民は劇的に減った。不法移民への厳しい処置の姿勢が現場に伝わったことは士気を高めていた。それが不法侵入しようとする者たちを怯えさせた。二〇一七年には不法侵入者の数が二三・七％も減少した。移民税関局（ICE：Immigration and Custom Enforcement）が逮捕した不法移民の九二％（一〇万一七二二人）は、逮捕時点で逮捕状が出ている者か犯罪歴をもつ者だった。

干渉主義的ネオコン外交からの決別も成果を生んだ。この年の十月、レックス・テラーソン国務長官（当時）は、ラッカ（シリア）が陥落したことを報告した。ラッカは、二〇一四年以来ＩＳＩＳの「首都」であった。米軍関係者は、「わずか九カ月で、ＩＳＩＳはその支配地域の九八％を失い、イラクとシリアに残るＩＳＩＳ兵士の数は一〇〇〇人を切った」と報告した。二年前には四万五〇〇〇人もの兵士がいたのが嘘のようであった。この事実は、「ＩＳＩＳを育てたのはネオコン思想に憑《つ》かれたヒラリー（オバマ）である」と主張してきたランド・ポール上院議員らの考えが正しかったことの証であった。

アメリカ経済も好景気となった。GNP年度成長率の三％超えは確実で、早くも政権初年度で、オバマ政権の最良の年（二・六％：二〇一五年）を上回ることが確実となった。全米製造者協会は二〇一七年第四半期に向けての景況感を発表したが、過去二十年で最高の楽観的展望となった。二〇一七年のニューヨークダウは七〇回にわたって最高値を更新した。これによって六・三トリリオンドル（およそ七〇〇兆円）の新たな富が生まれた。

トランプ政権の特徴は、民主党政権による過度な規制行政の修正だった。たとえば、オバマ大統領は過激環境保護主義勢力に配慮した行政に終始した。その象徴がエネルギー・環境行政であった。先に書いたように、トランプは地球温暖化二酸化炭素原因説を信じていない。二〇一七年六月にはパリ協定からの離脱を表明した。トランプ政権の環境行政は激変した。

アメリカの炭鉱は民主党の環境保護行政に「殺されていた」。二〇一六年十二月に導入された河川保護規則（Stream Protection Rule）は、炭鉱からの廃棄物の処理に数々の規制を設けた。その結果、石炭採掘はもはや経済的に成り立たなくなった。新政権はこの規制撤廃を決めた（二〇一七年二月）。ウェストバージニア州などで炭鉱再開が相次ぎ、環境保護主義者から憎まれていた鉱夫たちに笑顔が戻った。鉄道事業者も喜んだ。

「トランプ大統領は炭鉱の復活を繰り返し訴えてきた。これは鉄道にとっても朗報である。トランプは化石燃料に好意的である。（オバマ政権の）クリーン・パワー計画は破棄すると公約していたが、彼は確実にそれを実行している[*2]」

トランプ大統領は、軍の強化を訴えていることから大きな政府論者のように誤解されているが、小さな政府論者である。上記の環境行政に典型的に表れているように、過度な政府規制はビジネスを委縮させると考える。政府規制を網羅する書（Federal Register）は八万頁もある。トランプは就任直後の二〇一七年一月三十日、大統領令一三七七一号に署名した。連邦政府機関が、新たな規制を導入する場合、新規制一つにつき現行規制二つを停止することを求めるものだった。大きな政府はビジネスを阻害するという信念の表れだった。

貿易政策についてもトランプは舵を切った。筆者は「秩序なき」自由貿易に懐疑的である。適度に管理された、互いが許容できる保護貿易がベストだと考えている。そのほうが、それぞれの国の国内政治が安定する。安定の価値は、規制なき自由貿易がもたらすいくばくかの経済的利益をはるかに凌駕する。政治的安定には、一定レベルの製造業の存在が欠かせない。工業生産力を失った国は没落する。トランプ大統領は、アメリカの製造業のトップに、工場の海外移転を思いとどまるよう繰り返し訴えてきた。

トランプ大統領は、その政策を実効あらしめるために、北米自由貿易協定（ＮＡＦＴＡ）を改訂し、アメリカの製造業がメキシコにシフトすることを止めた。また、自由貿易政策の恩恵を一方通行的に享受しながら、国内市場を高関税と非関税障壁で保護している中国には、強い態度でその修正を迫った。それが実現するまで高関税政策をとると決めた。

規制緩和と保護貿易政策へのシフトが、米国製造業を活気付かせた。民主党政治の否定が、未曽有の経済活況となった。

＊1：Richard Baris, Trump's First Year Accomplishment Compiled in Shockingly Long List, Rasmussen Reports, December 29, 2017

＊2：Coal Revival: A Blessing for Railroads, Zacks Equity Research, August 10, 2017

溶ける民主党　その一

黒人・ラテン系の反発

トランプは、内政（とくに経済）も外交も、無難以上の舵取りで国民を喜ばせている。そうでありながら、彼の政治のほぼすべての場面で民主党は反対に回った。二〇一八年の中間選挙ではたしかに下院だけは過半数を制したが、それは投票率の低さが反映した結果であり、投票率が高くなる大統領選挙での勝利は難しい。メディアは相変わらず、反トランプの報道姿勢を変えていないが、アメリカ国民は、本物のトランプはメディアの作り上げた「人種差別的で、外国人嫌いで、女性を蔑み、反知性だ」というイメージとは相当に違うことに気付いている。

十九世紀半ばから二十世紀半ばまで民主党は、白人至上主義の人種差別政党であったことはすでに書いた。戦後、次第に民主党支持の中心であった南部白人層が豊かになるに従い、人種差別意識が薄らいでいった。民主党は見事なほどの方向転換を図り、弱者のためのリベラル政党としてカメレオン的変身を果たした。弱者の代表が黒人であり、遅れてやってきたラテン系（中南米、カリブ海など）であった。さらに、フェミニズムの興隆を利用して女性層を取り込み、環境問題意識が高まると環境保護主義者をも引き入れた。現在は性的嗜好マイノリティ（ＬＧＢＴ）を取り込み中である。

民主党の差別の歴史を知る者は、「弱者に優しい政治」を訴える民主党の政治家を信用しない。彼らの主張は、権力を握るための手段（方便）に聞こえる。「弱者に優しい政治」を訴える政党は、「弱者には弱者のままでいてもらわなければならない。そうしなければ権力基盤を失う」という矛盾を抱える。黒人大統領オバマが誕生しても、出身地（シカゴ市サウスサイド）の黒人層の暮らしは一向に改善しなかった。ワシントン下院で激しくトランプを攻撃する民主党の大物政治家イライジャ・カミングスの選挙区はボルチモアであるが、政治腐敗の本丸である。連邦政府からの補助金は、権力に近い組織が巧妙に吸い上げてきた。貧困であるからこそ補助金が付く。そうした組織が民主党政治家を「育てて」きた。貧困と暴力の継続が権力維持の源泉となった。

「トランプ大統領が指摘するように、ボルチモアは崩壊した町だ。命も危うい汚れた町だ。全米三〇の大都市の中でもっとも犯罪率が高く、（中略）殺人は一〇万人当たり五〇人という驚くべき数字だ。（訳注：ニューヨークは三・四人、東京都は〇・〇七人）」「ボルチモアの貧困地区の住民は北朝鮮の人びとよりも平均寿命が短い」「失敗の責任はイライジャ・カミングスのような政治家にある。彼はこの地区の代表として四十年近く務めているが、是正しようとしない」[*1]

二〇一六年大統領選挙の出口調査では、黒人層の八八％がヒラリーに投票した。二〇一二年の選挙では九三％がオバマに投票したから、若干の減少はあったものの民主党への絶大な支持は不動だった。[*2] ボルチモアの例でもわかるように、弱者のための政党が弱者に優しい政治をするとはかぎらない。黒人層はこのことにようやく気付き始めた。

民主党が二〇二〇年選挙で勝利するには、九〇％程度の黒人票が必要である。最近の世論調査では、ばらつきはあるものの一八％から三四％もの黒人層がトランプ支持にシフトした。[*3] メディアがトランプを人種差別主義者と罵っても、彼の進める政策は黒人層に恩恵を生んでいる。

イライジャ・カミングス下院議員（民主党）
1983年から現職

保護貿易政策へのシフトと中国への高関税政策で国内景気が活性化し、黒人失業率は史上最低の五・五％（二〇一九年九月第一週）となった（白人層：三・四％）。[*4] 前記のボルチモアの貧困と腐敗に対してイライジャ・カミングスは責任をもつべきだ、とトランプ大統領は発言した。メディアはそれが人種差別的だと批判した。しかし、ボルチモアの黒人層は、ほんとうの思いを代弁してくれたとしてトランプのコメントを評価する。黒人が黒人政治家を批判することは簡単ではないからである。
　二〇一六年のラテン系（スペイン系）の投票行動も黒人層と似ていた。彼らのわずか二八％しかトランプに票を投じなかったが、いまではほぼ半数がトランプ支持となった。その主な理由は不法移民に対する厳しい対処である。不法移民の就労で、正規移民の賃金は一向に上がらない。「不法移民に優しい」オバマ政権時代には、毎年一五〇万人が不法移民としてやってきた。現在七五〇万人の不法移民が何らかの職に就いている（不法就労）。これは不法移民の総数のほぼ半数にあたる。これが排除されれば、単純労働賃金は八・五％上昇すると試算されている。[*5] ラテン系は、メキシコ国境からの不法移民への厳しい対応が彼らの利益になっていることをわかっている。

＊1：Seth Barron, Trump is right about Baltimore ? and the Democrats know it, New York Post, July 28, 2019
＊2：Alison Durkee, Hure's a breakdown of how African American voted in the 2016 election, MIC, November 14, 2016
＊3：Don Heacox, Signs of a possible Trump blow out in 2020, the Headlight, August 29, 2019
＊4：Dayna Haffenden, Black Unemployment Rate Falls to A Record Low, September 10, 2019
＊5：John Binder, Half of Hispanic American Approve of Trump Following Ice Raids, Breitbart, August 16, 2016

溶ける民主党　その二

法律無視・弱者利権への反発

民主党の支持基盤の一つに女性層がある。同党は彼女たちに、セクハラ被害を積極的に訴える「ミーツー運動」を勧める。この運動の狙いには頷けなくもないが、性悪な政治目的に利用されやすい。実際、民主党は気に入らない人物の排除に使った。

二〇一八年七月九日、トランプ大統領は最高裁判事にブレット・カヴァノー（連邦控訴審判事）を、アンソニー・ケネディ判事の後任として指名した。この人事は上院の承認が必要である。上院司法委員会がカヴァノー判事のヒアリングを開始したのは、九月四日のことである。民主党はカヴァノー判事が「大嫌い」であった。判事は中絶について保守的であったから、中絶は女性の権利の一部であるとした一九七三年の最高裁判断[*1]を覆すのではないかとの噂が立てられた。

カヴァノー判事の指名を上院で拒否できれば、女性票獲得に大きな弾みがつくことを民主党はわかっていた。それを狙ったのは、ダイアン・ファインスタイン上院議員だった（民主党、カリフォルニア州）。彼女は、七月末にクリスティン・フォード（心理学者）なる女性からの告発状を手に入れた。フォードは匿名を条件にしながら、高校時代にカヴァノー判事から性的暴行を受けたと「告白」していた。

ファインスタイン議員は自身が所属する司法委員会には、しばらくこのことを隠していた。九月十三日、彼女は、カヴァノー判事に対する告発があることを司法捜査当局に伝えた。判事本人も、フォードが証人として名前を挙げた人物も、まったく知らないことだと語ったが、司法委員会は二人に証言を求めることに決めた。他者を告発する場合、挙証《きょしょう》責任は訴える側にある。本来であれば、フォードの証言だけをまず聞くのが筋であるが、司法委員会は、告発された側にも「無実の証明」を求めた。

世論は訴えた女性への判官びいきを示す。上院司法委員会の委員長はチャック・グラスレイで、共和党の議員（アイオワ州）だったが、その彼でさえ、「フォード女史のように公に告発しようとする人物の訴えはしっかりと聞く必要がある」と同情的であった。[*2]

九月二十七日、カヴァノーとフォードは議会証言した。民主党にとって誤算だったのは、判事が高校時代に克明な日記をつけていたことだった。フォードは、事件が起きた日を特定していないので、彼は事件「当日」のアリバイ証明ができない。それでも、彼は日記の記述を頼りに、フォードが訴えるようなパーティへの出席を否定した。証言の確からしさは明らかだった。

カヴァノーの証言に比して、フォードの証言は酷いものであった。共和党委員は、女性世論に気遣い（男性委員は彼女に厳しい質問することを憚《はばか》った）、セクハラケースの専門家であるラシェル・ミッチェル（性犯罪専門の女性検察官）に質問を委任した。ミッチェルはこの三日後に報告書を委員会に提出した。[*3] そこにはフォード証言の怪しさが詳細に分析されていた。

フォードは高校時代のある日のパーティでカヴァノーに暴行を受けたと訴えたが、日を特定できなかった。「一九八〇年代の半ば」「八〇年代の初め」「八〇年代初めの高校時代の夏」と証言を変えた。[*4]

事件発生の日時だけではなく、誰が彼女をパーティに誘ったか、高校生の彼女はどうやって会場に行ったのか（誰かに車で送ってもらったはず）、事件の起きた家の住所といった重要項目をまったく記憶していなかった。さらに問題なのは、暴行を受けたとされる家からどうやって自宅に帰ったかである。彼女はワシントン・ポスト紙のインタビューで、会場はあるゴルフ場の近くだったと語っていた。そうなると、彼女の自邸からおよそ七マイル付近（一一キロメートル）で事件が起きたことになる。携帯電話のない時代である。誰かに迎えに来てもらったはずであるが、そのこともまったく記憶していない。[*5]

ミッチェル調査員は、フォードと民主党議員（ファインスタインら）とのコンタクトの時系列を書き出したうえで、「民主党議員やフォードについた弁護士たちの行動が、フォードの証言に影響を与えた」と結論付けた。

民主党や過激フェミニストの、「勇気をもって顔を晒して証言する女性の言葉を信用すべき」

という態度は、「被告は自ら無実を証明するまで有罪である」とする主張と変わらない。

真摯な態度でフェミニズムを信奉し、女性の地位向上を図るグループは、民主党のやり方を危ぶんだ。フォード証言の「出鱈目《でたらめ》」ぶりを見て、これから彼女のように証言する女性のすべてが疑われると思えた。ワシントン上院は、十月六日、カヴァノー判事の指名を承認した。五〇対四八であったから、民主党議員全員が、実質的にフォード証言を信じたことになる。事件の起きた日付も示さず、証言を裏付ける一人の証人も出てこないフォードの話をそのまま受け入れる民主党に多くの国民が驚いた。

ちなみに、ファインスタイン議員についてだが、この証言の前の月（八月）に二十年にわたって彼女のサンフランシスコ事務所に務めていた男が中国のスパイであったことが露見していた。民主党に肩入れするメディアは、スパイ容疑のかかった人物（ラッセル・ロー）を「運転手」と報じた。しかし、実際には同事務所のゼネラルマネージャーであった。[*6] ＹｏｕＴｕｂｅ上では、この男が、「朝鮮人慰安婦」問題を、アメリカ国民に「啓蒙」している姿を見ることができる。[*7]彼は学生時代から中国系のアファーマティブ・アクションを支持する左翼組織（ＣＡＡ：Chinese For Affirmative Action）のメンバーだった。[*8]中国との外交イベントにもファインスタインの右腕として参加していた。彼女が汚名返上の博打《ばくち》を打ってフォードの告発を利用したと疑われても致し方なかった。

民主党はフェミニズム運動を党勢拡大（権力維持）に利用しただけではない。少数民族利権を利用する議員もいた。エリザベス・ウォーレン上院議員である。民主党大統領候補の座をめざす大物議員である。ハーバード大学教授職を経て政界入りしたが、彼女の出世は「出自詐称」から始まった。彼女は自身を原住インディアン・チェロキー族の血を引くと履歴書に書いた。アファーマティブ・アクションのある教職採用枠で有利になるからだった。彼女の主張を怪しむ者は多かったが、公の場で口に出せなかった。そうすることは「政治的に正しくない」からである。この問題に挑戦したのがトランプ大統領だった。疑いをDNAテストで晴らすべきだと勧めたのである。

ウォーレンはそれに応じた。結果は、平均的白人が微量にもつインディアン系のDNAよりも少ない量しか彼女はもっていなかった。彼女にはインディアンの血は流れていなかったのである。チェロキー族は、強い不快感を示し、仲間と認めていない。

＊1：ロー対ウェイド事件、一九七三年一月二十二日
＊2：Eli Watkins, Timeline: How the Kavanought accusation have unfolded, CNN, September 17, 2018
＊3：Rachel Mitchell, Analysis of Dr. Christine Blasey Ford's Allegation, Memorandum, September 30, 2018
＊4：同右 , p2
＊5：同右 , p3
＊6：Jim Hoft, Feinstein's Chinese Spy Identified-Russel Lowe-was Office Manager not just a driver-

＊7：https://www.bing.com/videos/search?q=russell+lowe+spy&view=detail&mid=E199B439F1FE61461A85E199B439F1FE61461A85&FORM=VIRE

＊8：Trevor Loudon, Feinstein's Spy: Russell Lowe and San Francisco's Pro-China Left, The Epoch Times, August 20, 2018

おわりに　アメリカ民主党は日本の民主党の道を歩むのか

本書では、ヒラリー・クリントンという人物を中心にして、民主党がいかなる政党か、具体的事例を通じて明らかにした。日本のメディアのほとんどがリベラルであるため、民主党の「悪事」に甘い。本書で描いた民主党が起こした事件は、アメリカではよく知られているが、日本では報じられていない。それでいて、トランプ大統領については、「反知性」「人種差別主義者」「ポピュリスト」などといったメディアの貼ったレッテルが流布している。

筆者は民主党の政治は危険だと考えている。アメリカ国民も民主党の危うさに気付いたからこそトランプ大統領を誕生させた。早い段階でそれに気付いた層が白人のミドルクラスだったにすぎなかった。いまでは、黒人層やラテン系などのコアな民主党支持層さえも気付いている。二〇一六年の選挙の際には、「少数弱者層」がトランプ支持を公にすることは憚られた。しかし、いまでは彼らも、堂々とトランプ支持を口にする。

黒人差別政党であった民主党は、戦後、「弱者のための政党」に変身し、それが同党のレゾンデートルとなったと書いた。「弱者のための政党」が生き残るためには弱者がつねに存在しなくてはならない。初の黒人大統領であったオバマが、第二の故郷であるシカゴ南部の黒人住民の生活水準向上に無関心だったのも、民主党の大物下院議員イライジャ・カミングスが、選挙区ボルチモアの政治腐敗と貧困を放置するのも、それが「民主党の体質」だからである。生活水準が向上し、犯罪が減少すれば、共和党支持者が増加する。そのことは歴史的にわかっている。弱者の数が減ってはならない。だからこそ彼らの政治は非妥協的であり、つねに対立を「温存」する。

弱者は容易に創造することができる。フェミニスト、性的マイノリティ、少数派移民、過激環境保護者。どこにでも相対的弱者は転がっている。民主党はその種を開花させるために対立を煽り、妥協をめざさない。その傾向は、ヒラリーがトランプとの戦いに敗れて以来、酷くなった。民主党は「カルチャーレフト（文化左翼）」と手を握ると決めた。

彼らのこうした態度は、リベラル中道派の離反を生んだ。彼らでさえ、カヴァノー判事を貶めたフォードの「ミーツー」証言に憤った。あのような証言で自身が攻撃され、それが通ってしまえば、身を守る術はない。アメリカが世界に誇る「法と秩序（Law & Order）」は消える。

トランプ大統領を、リベラルメディアは「反知性」とレッテル貼りしているが、筆者には民主党議員こそが「反知性」に見える。「無実を証明するまで有罪とみなす（guilty until proven innocent）」態度をとることがどうして知性的なのか。トランプ大統領はカヴァノー判事を最後まで擁護した。

民主党が腐敗まみれであることは本書に十分に書き込めたと思っている。クリントン財団の迂回買収疑惑、バイデン副大統領の中国からの利益斡旋疑惑、ヒラリーの国家機密漏洩疑惑、中国

「トランプ大統領は人種差別主義者などではない」とトランプ再選を訴える黒人支持者

スパイを二十年間も側近にしたファインスタイン議員の能天気、そのスパイにありもしない「朝鮮人慰安婦」問題をアメリカ国内で拡散させる反日行為。筆者には、アメリカ民主党は、日本の国益にとっても害悪にしか思えない。

トランプはネオコン的干渉主義外交と決別した。その成果がＩＳＩＳの壊滅的縮小である。彼は中国、イラン、北朝鮮などとの対立を先鋭化させてはいるが、指導者に対しては、「友人であり話せば理解が得られる」という態度をとる。けっして人格攻撃をしない。英語では口汚く罵ることを「ネームコーリング（name calling）」というが、習近平に対しても金正恩に対してもネームコーリングせず、敬意を払った表現を使う。

筆者はトランプの政治外交すべてを肯定するつもりはない。ただ国民が政治を選択する場合、どちらがベターであるかを基準にすることは少ない。どちらがより危険ではないかを判断基準とすることがほとんどである。より危険ではない人物のことを英語では「レサーデビル（lesser devil）」というが、現実の選挙はレサーデビルを選ぶ行為なのである。日本でも多くの保守層が自民党政治に不満であるが、野党にくらべたらマシという投票行動をとる。

二〇一六年の大統領選挙では、筆者はトランプが「より危険ではない」政治家と判断した。アメリカの世論を分析して、彼の勝利の可能性が高いことを月刊誌「Voice」に書いた。その予想が当たったことを嬉しく思っている。

ヒラリーが大統領になっていたら、多くのネオコンが政権中枢で任用されていたはずだ。彼らは、強硬な対ロ・対シリア外交を続け、レジームチェンジを狙ったはずである。その過程でどれだけの人が死ぬことになっただろう。

民主党の真の姿は、嬲り殺されたカダフィの映像に無邪気に喜ぶヒラリーの姿に被る。「弱者に優しい政党」は、じつは「弱者に優しくない政党」であるという逆説にアメリカ国民はようやく気付きつつある。

筆者は、アメリカ民主党は軌道修正できないまま文化左翼に寄り添い続け、最終的には、日本の旧民主党のように分解すると予想している。本書を読了された読者も、頷いてくれるのではないかと思っている。

本書脱稿直後の二〇一九年十月十七日、筆者が強く批判したイライジャ・カミングス下院議員が、選挙区ボルチモア市内の病院で息を引き取った。死因は明らかにされていないが、心臓疾患のようである。まだ六十八歳であった。

下院ベンガジ事件特別調査委員会では民主党筆頭委員であっただけに、共和党委員から次々飛んでくる質問の矢の前に立ちはだかり、必死にヒラリーを庇った。彼も常軌を逸した民主党政治の犠牲者なのかもしれない。


最後になるが、いまメディア（二〇一九年十二月現在）を賑わせているトランプ大統領のウクライナ「スキャンダル」について本書では触れなかった。その理由は、「スキャンダル」の本質が、本書第三章で扱った「ヒラリー外交を真似たジョー・バイデン副大統領」で扱った内容と同じであるからだ。

オバマ政権（バイデン副大統領）は、対ウクライナ外交においても個人的利権を絡ませていた。二〇一四年五月、ウクライナ最大の民間天然ガス会社（Burisma Holdings）の役員に、ハンター・バイデンが就任したことが発表された。この人事に「政権幹部の個人的利益を求める典型的な民主党外交があったのではないか」と疑ったトランプ大統領が、ウクライナの新大統領（ウォロディミル・ゼレンスキー）に「大統領としてすべきこと（注：悪名高いウクライナの政治腐敗一掃）をしてほしい」と求めただけであった。

本書に書いた民主党の悪行を理解された読者には、ウクライナ「スキャンダル」についてのこれ以上の説明は不要であろう。この問題で、トランプ大統領への国民の信頼が揺らぐことはない。

いずれにせよ、二〇二〇年十一月三日の大統領選挙まで一年を切った。民主党がいかなる負けっぷりを見せるのか。筆者は読者とともに見届けたいと思っている。

二〇一九年暮れ　渡辺惣樹

ら

わ

は

ま

さ

た

な

人名索引

あ

か

本文写真

AFP＝時事
p.3, 19, 25, 37, 45, 58, 64, 75, 87, 88, 97, 173

CNP／時事通信フォト
p.28

AP／アフロ
p.95

EPA＝時事
p.121, 235

UPI／アフロ
p.162

CTK／時事通信フォト
p.180

CNP／時事通信フォト
p.194, 221

dpa／時事通信フォト
p.214

〈著者略歴〉

渡辺惣樹（わたなべ・そうき）

日米近現代史研究家。1954年生まれ。静岡県下田市出身。東京大学経済学部卒業。日本専売公社（現・日本たばこ産業）に勤務したのち、日米近現代史の研究を始める。

米英ほか歴史資料を広く渉猟し、日本開国から太平洋戦争開戦に至る日米関係史を考究。米国側の視点を取り入れつつ、この間の歴史を国際関係のなかで俯瞰した著作を上梓して高い評価を得る。ソーワトレーディング代表、カナダ在住。

著書に『日米衝突の萌芽 1898－1918』（第22回山本七平賞奨励賞）『日米衝突の根源 1858－1908』（いずれも現在は草思社文庫に所収）、『戦争を始めるのは誰か』『第二次世界大戦 アメリカの敗北』（いずれも文春新書）、訳書に『日本1852』『アメリカはいかにして日本を追い詰めたか』『ルーズベルトの開戦責任』（以上、草思社文庫）などがある。

アメリカ民主党の崩壊2001-2020

2020年1月14日　第1版第1刷発行

著　者　渡　辺　惣　樹
発行者　後　藤　淳　一
発行所　株式会社ＰＨＰ研究所

東京本部 〒135-8137 江東区豊洲5-6-52
第一制作部人文社会課 ☎03-3520-9615(編集)
普及部 ☎03-3520-9630(販売)
京都本部 〒601-8411 京都市南区西九条北ノ内町11

PHP INTERFACE https://www.php.co.jp/

組　版　株式会社PHPエディターズ・グループ

印刷所　大日本印刷株式会社
製本所　東京美術紙工協業組合

 ISBN978-4-569-84571-5